Mindset
do Empreendedor

Dicas para configurar sua mente
e transformar seu negócio

Coordenação:
Geize Lima e Andréia Roma

1ª edição

Editora Leader.

São Paulo, 2017

Copyright© 2017 by Editora Leader
Todos os direitos da primeira edição são reservados à **Editora Leader**

Diretora de projetos: Andréia Roma
Diretor executivo: Alessandro Roma
Marketing editorial: Gabriella Pires

Projeto gráfico e diagramação: Roberta Regato
Capa: Raul Rangel
Revisão: Miriam Franco Novaes
Impressão: Forma Certa

Dados Internacionais de Catalogação na Publicação (CIP)

M616	Mindset / [coord.] Andréia Roma, Geize Lima. – 1.ed. -- São Paulo: Leader, 2017.
	ISBN: 978-85-66248-95-1
	1. Empreendedorismo. I. Lima, Geize. II. Título.
	CDD 658

Índice para catálogo sistemático: 1. Empreendedorismo

EDITORA LEADER
Rua Nuto Santana, 65, 2º andar, sala 3
02970-000, Jardim São José, São Paulo - SP
(11) 3991-6136 / andreiaroma@editoraleader.com.br
Atendimento às livrarias:
Liliana Araujo / lilianaaraujo@editoraleader.com.br
Atendimento ao cliente:
Luana Silva e Rosângela Barbosa / contato@editoraleader.com.br

Mindset
do Empreendedor

Agradecimentos

Este "Mindset do Empreendedor – Dicas para configurar sua mente e transformar seu negócio" é mais uma publicação da Editora Leader que me enche de orgulho, mas, como tudo na vida que é importante, não poderia ser realizada sem a colaboração e empenho de outras pessoas.

Por isso, meu profundo agradecimento a Geize Lima, que assina a coordenação desta obra comigo, pois tanto o tema quanto o título "Mindset do Empreendedor" são fruto de suas brilhantes ideias, com base em sua visão abrangente sobre o assunto. O resultado é este livro único e inovador que chega ao mercado editorial para fazer diferença.

Quero agradecer a cada um dos coautores, cada qual com seus inestimáveis conhecimentos e valiosas experiências. Juntos formam uma obra completa que vai levar os leitores a ultrapassarem suas crenças limitantes, construir um mindset, ou modelo mental, positivo e atingir o sucesso em seus negócios.

Agradeço por compartilharem seus conhecimentos, por construírem um conteúdo de qualidade e atual, com bases científicas, que só especialistas como os reunidos aqui podem oferecer.

Agradeço ainda a todos que me apoiam nesta jornada para cumprir a missão de levar sabedoria e entendimento a tantas pessoas: minha equipe, minha família e meus leitores, que são a razão maior de a Editora Leader existir.

Andréia Roma,
fundadora e CEO da Editora Leader

Mindset
do Empreendedor

Índice

Introdução 6

1. Caroline Calaça 9
Mente de negócios – o principal elemento do sucesso

2. Fernanda Peris 23
O que *mindset* tem a ver com as suas crenças

3. Geize Lima 33
Como transformar sua carreira em um negócio de sucesso

4. Catiane Ferronatto 47
Você é a sua maior obra

5. Andréia Mota 59
Como empreender com equilíbrio e produtividade

6. Lívia Croce 69
Como o *mindfulness* influencia o comportamento do empreendedor?

7. Helena Raimundo 81
A ansiedade do empreendedor

8. Graciete Corrêa 95
Planejamento e gestão no empreendedorismo

9. Felipe Coelho 109
Administração do tempo para empreendedores

10. Gustavo Vale 121
Engajamento: o exercício da liderança

Mindset
do Empreendedor

Introdução

Um dos possíveis significados da palavra empreender é realizar, inovando e assumindo riscos. Mas não é realizar qualquer coisa, de qualquer jeito. É realizar com direção, inovando principalmente o seu modo de pensar, assumindo riscos calculados, necessários à condição de um empreendedor.

O termo *mindset* foi falado pela primeira vez pela psicóloga Carol Dweck, pesquisadora da Universidade de Stanford. Segundo ela, a atitude mental com que encaramos a vida é crucial para alcançarmos sucesso em todas as áreas, inclusive a profissional. E conhecer nosso *mindset* é o passo número um para entender o que é sucesso e maneiras de alcançá-lo.

Mindset significa modelo mental. É sua forma particular de enxergar o mundo, são suas lentes, exclusivamente desenvolvidas por você e para você. Seu *mindset* poderá tender para um lado positivo ou negativo, e isso vai determinar sua posição diante da vida e, consequentemente, seus comportamentos e resultados.

Sendo assim, quando falamos "Mindset do Empreendedor" estamos nos referindo à posição necessária diante da vida para condução de negócios de sucesso. Essa é a proposta deste livro, conduzir o leitor por um caminho para construção de um *mindset* positivo, passando por todas as etapas de desenvolvimento de um empreendedor, ajudando-o a enxergar e lidar de forma assertiva com todos os seus papéis.

Não estamos falando apenas das etapas do negócio em si, essas também são muito importantes e serão tratadas aqui. Mas trataremos principalmente dos processos internos, pois somente se estes estiverem bem resolvidos os externos serão bem-sucedidos.

Se você já é um empreendedor ou pretende ser, este livro é pra você. Aqui você terá acesso a conteúdos valiosos, abordados por especialistas. Em cada capítulo, além do conteúdo e experiências por eles relatadas, você também encontrará exercícios para aplicar na sua vida e negócios o conteúdo trabalhado.

Este livro é uma verdadeira ferramenta de desconstrução daquilo que até hoje você entendia como verdade e de construção de uma nova maneira de enxergar o mundo, agir e realizar seus sonhos e objetivos.

O objetivo é conduzir o leitor por um caminho de transformação. Cada capítulo é um passo dado na direção dessa transformação que é a expansão do modelo mental. Por esse motivo, a sequência dos capítulos foi propositalmente escolhida para que o leitor possa aplicar o conteúdo da melhor forma e potencializar os resultados na prática.

Vamos lá?

Geize Lima
Psicóloga, *coach* e mentora de profissionais liberais

Andréia Roma,
Fundadora e CEO da Editora Leader

Mindset
do Empreendedor
1

Caroline Calaça

Mente de negócios – o principal elemento do sucesso

Caroline Calaça

Master coach Executiva e de Negócios. Doutoranda em Gestão de Projetos. Possui Mestrado em Negócios Internacionais - Universidade de Alcalá, Espanha; MBA em Gestão Empresarial (FGV); MBA em Gestão em Marketing (FGV); pós-graduação em Gestão de Projetos (Unip). Idealizadora da metodologia Roic de retorno do investimento em Coaching Executivo e de negócios. É sócia e *trainer* na Development International. Co-organizadora do Coniex, Congresso Internacional de Coaching Executivo, realizado no Brasil em 2014 e 2015. Coautora dos seguintes treinamentos: 100 Ferramentas Coaching; Team Coaching; Neurociência para Coaches; Master Coaching Executivo e de Negócios; Formação em Gestão Estratégica FGE. Renomada *trainer* de *coaches*, executivos e empresários.

ferramentascoaching@gmail.com

Mindset
do Empreendedor

Trabalhar com executivos e empresários sempre foi um fascínio para mim. Entender como a mente das pessoas funciona, como elas elaboram suas premissas, como enxergam as situações e reagem a elas, tudo isso desperta em mim o máximo encantamento.

Muitas situações me chamaram a atenção ao longo dos anos de trabalho, mas uma história mudou de uma vez por todas a minha forma de definir o sucesso.

Certo dia, participando de uma reunião de empresários eu conheci um homem. O nome dele era João.

Ele havia acabado de falar dos seus projetos e dos resultados financeiros incríveis que havia conseguido.

Curiosamente, ao invés de causar um impacto positivo e admiração, a impressão que algumas pessoas tiveram era de uma fraude e de que ele não podia ter conquistado tudo aquilo sabendo tão pouco de negócios.

– Me falaram que você é *coach*, acredito que você pode me ajudar – ele me disse no corredor ao me encontrar.

– E qual é o problema? – eu respondi.

– É que eu criei um negócio de sucesso, mas eu não sei gerenciar o meu negócio.

E ele continuou seu relato:

— Eu sempre fiz tudo. Esses resultados ótimos vieram porque eu trabalhei muito. Mas ultimamente eu perdi o controle da empresa. Nós crescemos rápido e agora tá ficando difícil.

— Difícil como? — eu perguntei.

— Difícil mesmo. Difícil contratar, controlar as informações e as finanças, mas deixar de fazer o que eu sempre fiz e cuidar agora de estratégia está sendo o maior desafio para mim. Primeiro porque eu não entendo muito de estratégia, nem de técnicas de liderança, eu sei mesmo é fazer essa empresa funcionar — dizia ele.

— Eu já quebrei duas vezes, eu quero fazer diferente agora. E sabe o que é pior, eu sei que se eu quebrar de novo eu construo uma empresa de sucesso novamente, em pouco tempo. Esse não é o meu problema — afirmou.

— E qual é o seu desafio agora? — eu perguntei.

— Quero uma empresa sustentável. Quero aprender a construir um negócio que permaneça.

Ouvindo a história desse rapaz, e mais tarde trabalhando com ele como *coach*, eu percebi que o drama do João, que felizmente foi superado, é parecido com o de muitos empreendedores e pequenos empresários.

Na maioria das vezes, uma empresa começa com uma ideia, força de vontade dos seus idealizadores e quando sobrevive ao primeiro ano ela passa por ciclos.

Esses ciclos envolvem rupturas para o negócio e representam grandes desafios para os seus proprietários. Eles trazem mudanças nas circunstâncias e principalmente na mentalidade das pessoas que os comandam.

Ou será o contrário? As pessoas se transformam primeiro e isso muda os negócios? Qual a sua opinião?

Para solucionar essa dúvida podemos observar os ciclos que um negócio enfrenta.

Primeiro ciclo é aquele em que os recursos são limitados, poucas pessoas precisam fazer inúmeras tarefas, o crescimento quase sempre é lento.

Os proprietários estão ansiosos por resultados e pelo retorno do investimento que já realizaram. A rotina de trabalho é intensa.

Embora estejam animados e cheios de esperanças, se perguntam se vai mesmo dar certo e em algumas situações desistem antes de chegar aonde desejavam.

Essa etapa exige persistência, tempo dedicado e controle das emoções para dominar as expectativas.

O segundo ciclo é do crescimento acelerado. Depois de alguns anos, repentinamente as vendas aumentam, os clientes antigos passam a comprar com mais frequência, a recomendar clientes novos e o volume de negócios se multiplica.

É um momento propício para o lançamento de novos produtos e serviços.

O principal desafio é o da profissionalização e do controle. É preciso contratar melhor, qualificar a equipe, padronizar, reter talentos, gerir o orçamento.

Nessa fase, os sócios estão confiantes e a nova preocupação é como crescer mais com recursos limitados, mantendo a qualidade que os permitiu chegar à fase 2.

Alguns anos depois, a empresa entra no terceiro ciclo. Caixa não é mais um problema, embora a empresa ainda venda bem, o crescimento vai diminuindo gradativamente.

Nesse momento, os proprietários já dominam completamente as atividades e não há muito a aprender, já superaram diversos desafios anteriores.

A tendência é que se distanciem da rotina do negócio na fase em que mais precisam buscar inovação. É uma etapa decisiva, que determina quanto tempo mais a empresa sobreviverá.

O interesse e o envolvimento com ele é decrescente, mesmo sabendo que dali vem o sustento e a qualidade de vida das famílias.

Claramente, os negócios são moldados pela mentalidade, comportamento, motivação e engajamento de seus proprietários.

Mas não dá para tratar mentalidade empreendedora como autoajuda nem acreditar que para o dono de um negócio apenas positividade é a chave para o sucesso. Existem muitas variáveis nesse processo.

Desenvolver uma mentalidade de negócios é entender os ciclos que a empresa vai enfrentar, se preparar para desenvolver as competências que ela exige e conseguir enxergar além do momento atual.

É pensar diferente da maioria das pessoas, mas pensar grande. Encarando as próprias fraquezas de frente, potencializando as forças e sendo suficientemente vulnerável para se descobrir.

Não se trata apenas de vencer os desafios que o mundo dos negócios impõe, mas principalmente permitir que a mente seja transformada de tal maneira neste processo que as maiores adversidades e desafios se tornem cada vez mais leves e suaves de serem enfrentados.

Segundo Robert Kegan, existem cinco níveis que uma mente pode atingir. Partindo-se de uma mente seguidora e frágil, que precisa ser conduzida para uma mente capaz de liderar a si mesma e se transformar enquanto enfrenta os desafios.

Esse processo é possível, por meio de autoconhecimento somado às experiências. No entanto, o medo e as crenças instauradas podem comprometê-lo.

Tornar-se um empreendedor ou empresário de sucesso é ter a coragem de se olhar profundamente diante dos obstáculos não apenas para ter vitória sobre eles, mas para nunca mais se sentir da mesma maneira diante de um desafio semelhante.

Na verdade, destacam-se quatro características nas mentes de negócios desenvolvidas:

1- Foco em resultados: são pessoas que amam os desafios e que para elas a superação conta tanto quanto a vitória.

2- Sucesso como meio e não como fim: encaram o sucesso como um meio para obter autoconhecimento, transformação pessoal e empoderamento.

3- Sabem que quase nada é definitivo, que os negócios estão em constante transição, assim como eles mesmos, e que falhar é parte do processo de construção. Compreendem a importância de se tornarem fortes o suficiente para levantar todas as vezes que caírem.

4- Entendem que nunca serão bons em tudo, percebem que as pessoas têm inteligências diferentes e se cercam de quem é bom no que eles não são.

O sucesso está relacionado com a força do caráter. O caráter é forjado no reconhecimento dos pensamentos, das atitudes, dos hábitos e valores.

Pra quem gostaria de chegar além, coragem, diligência, honestidade, lealdade, humildade e gratidão devem ser desenvolvidos na mesma proporção em que as estratégias, os processos e os produtos.

Não importa em que ciclo a sua empresa esteja, lembre-se de que este é apenas o treino para que você se torne o empresário que a sua empresa merece, o líder que os seus funcionários admiram e o ser humano que você teria orgulho de apresentar para quem você ama e para quem ama você.

No mundo empresarial, tudo muda muito rápido. Nunca se viu em tão pouco tempo tantas revoluções tecnológicas. A capacidade de acumular aprendizados e reorganizar experiências do passado para prover inovações para o futuro é o ativo que permanecerá.

Uma organização bem-sucedida é aquela que alcança resultados superiores porque gera um grande impacto social. Um empreendedor de sucesso é aquele que conduz esse movimento e é capaz de pessoalmente influenciar as pessoas e criar engajamento com as suas causas.

Nos dias de hoje os fins não justificam os meios. A modernidade obriga os empreendedores a ter um propósito pessoal que supere os objetivos do negócio. Desenvolver a flexibilidade e adaptabilidade enquanto se desenvolvem para se tornarem pessoas admiráveis e obter a autorização dos outros para conduzi-los.

A seguir você conhecerá um teste que foi desenvolvido por mim para o livro "Mentalidade", de Pablo Paucar.

1- Que comportamentos como líder melhor te definem?

a- Conheço os meus valores e sou capaz de abrir mão de uma boa oportunidade para não agredir nenhum deles.

b- Se eu tiver que tomar uma decisão difícil, procuro causar o menor estrago possível para mim e para os outros.

c- Sou ambicioso e arrojado e não deixo uma boa oportunidade passar.

d- Prefiro perder uma oportunidade boa do que a admiração de um colega ou amigo.

2- Como as pessoas descreveriam você?

a- Sou uma pessoa sensata e coerente que honro minha palavra e procuro sempre agir com justiça.

b- Sou reconhecido pela minha capacidade de planejamento e organização.

c - Tenho sonhos e alvos claros e sou obstinado em alcançá-los. Faço o que for preciso e não desisto até chegar lá.

d- Sou uma pessoa popular, admirada por falar bem. Difícil alguém que não gosta de mim ou tem alguma dificuldade de relacionamento comigo.

3- O que tem mais a ver com você?

a- Sou uma pessoa concentrada, mais introspectiva do que falante.

b- Sou uma pessoa observadora e detalhista.

c- Sou uma pessoa criativa, arrojada e não tenho medo de enfrentar riscos que eu sei que tenho como controlar.

d- Me dou muito bem com as pessoas, falo bem e me considero coerente.

4- Como você gosta de ser visto pelos seus liderados?

a- Prefiro ser visto como alguém correto, ético, leal com a empresa e comprometido em fazer o que tem de ser feito.

b- Prefiro ser visto como alguém equilibrado, eficiente e que sabe o que está fazendo.

c- Gosto de ser admirado pela minha clareza de ideias e capacidade de gerar resultados.

d- Gosto de ser admirado pela minha competência, capacidade de convencimento e lealdade às pessoas.

5- Quando a solução de um problema exige flexibilidade você age de que forma?

a- Procuro observar as regras já estabelecidas para tomar a melhor decisão.

b- Avalio detalhadamente os prós e os contras e procuro entender os riscos e benefícios de uma possível decisão.

c- Posso parecer insensível às vezes, mas procuro ser prático e lidar com fatos e dados para decidir.

d- Preservar as pessoas é o mais importante. Procuro apaziguar ao máximo as situações e sempre que possível evitar e amenizar brigas e conflitos.

6- O que você mais valoriza para se sentir capaz de produzir e gerar resultados?

a- Regras e normas claras e saber qual é a minha responsabilidade e o que esperam de mim.

b- Planejamento e prazos estabelecidos com alguma antecedência.

c- Preciso de autonomia e independência.

d- Poder fazer o que eu acredito e receber *feedbacks*, saber que estou sendo admirado pelo trabalho que realizo é importante para mim

7- Como você descreveria a sua rotina?

a- Procuro fazer o que tem de ser feito. Da forma mais correta e bem feita possível. Cuido sempre dos detalhes e priorizo o que é mais importante.

b- Gosto de uma rotina bem planejada e sem surpresas. Rotina é importante para mim.

c- Gosto de fazer coisas diferentes e me engajar em novos projetos. Fazer sempre a mesma coisa da mesma forma me deixa um pouco entediado. Mas estou sempre de olho nos resultados.

d- Não gosto de dar motivos para falarem mal de mim. Procuro cumprir prazos e horários. Embora rotina seja importante, fazer alguma coisa diferente de vez em quando não faz mal a ninguém.

8- Como você se considera diante da sua equipe?

a- Sempre procuro dizer o que espero dos resultados, o que é aceitável e o que não é na execução das tarefas, quais são as regras que espero que sejam respeitadas.

b- Sou muito claro e detalhista em como gostaria que as tarefas fossem executadas. Espero que as pessoas cumpram prazos e trabalhem de forma organizada.

c- Espero que as pessoas sejam independentes, se responsabilizem pelo que precisam fazer, alcancem os resultados esperados, de preferência de uma forma surpreendente.

d- Procuro criar um ambiente de harmonia, união e colaboração e acredito na capacidade das pessoas, mas espero que elas façam o que tem de ser feito.

9- O que você mais valoriza em uma equipe?

a- Consistência, coesão, responsabilidade e ética

b- Eficiência, pontualidade nas entregas, organização, vontade de melhorar sempre.

c- Comprometimento, autonomia, superação e *performance.*

d- Criatividade, colaboração para alcançar os resultados, união e respeito.

10- Quando a sua equipe tem um problema de *performance*, como você age?

a- Vamos ouvir as pessoas e avaliar os processos que não estão sendo bem executados e quais podemos aprimorar para melhorar os resultados.

b- Precisamos levantar todos os possíveis *gaps* que impediram o resultado de acontecer e atuar sobre cada um deles com eficiência.

c- Chamar a equipe à responsabilidade, compreender qual foi a principal causa da queda de *performance*, concentrar todos os esforços em corrigir essa causa central e avaliar se existe alguma solução inovadora e eficaz para gerar impacto nos resultados rapidamente.

d- Ouvir as pessoas, resgatar a autoconfiança delas e motivá-las a seguir adiante, corrigindo a rota e incentivando os membros da equipe a colaborar uns com os resultados dos outros.

11- Meu principal ponto a desenvolver como líder é...

a- Flexibilidade. Quando o que está em jogo é ser justo e coerente é muito difícil flexibilizar.

b- Lidar bem com prazos. Quando o que está em jogo é a qualidade é difícil achar normal a falta de planejamento e os prazos sempre curtos.

c- Ser autoritário às vezes. Quando o que está em jogo é o resultado é difícil ser democrático.

d- Ser mais objetivo e prático. Quando o que está em jogo é a admiração e o respeito das pessoas por mim é difícil focar só no resultado de curto prazo.

Respostas:

Agora que você respondeu faça a soma de quantas vezes marcou a letra **a**, quantas vezes **b** e quantas **c** e **d**.

Leia as respostas das duas letras que você mais marcou na ordem correta da maior para a menor.

Normalmente nós nos comportamos de maneira diferente de acordo com a situação. Porém normalmente existem dois ingredientes que mais se repetem no nosso comportamento. Você está prestes a descobrir que mistura é essa que faz você agir como age atualmente. Saber como você é te coloca diante de um espelho que mostra além do que os olhos são capazes de ver. Saber mais sobre você te dará o poder de reagir de forma mais assertiva diante dos acontecimentos a partir de agora.

A) Você é o tipo de líder que evita confronto. Controle e exatidão são fundamentais para você. Procura sempre apresentar resultados precisos e influenciar outras pessoas usando argumentos lógicos. Você acaba sendo crítico, exigente, reservado e desconfiado. Prefere trabalhar de forma independente a trabalhar em equipe. Para tomar uma decisão você busca todas as evidências possíveis, para evitar ao máximo os riscos. Isso te leva frequentemente a ser um pouco lento na tomada de decisões. Você só fala quando tem convicção. Acaba ficando sobrecarregado por ser centralizador e gostar das coisas bem feitas, por isso pensa muito antes de delegar e aprecia sempre a aprovação dos outros.

Procure dar um voto de confiança para seus liderados, se aproximar mais deles e lidar com seus erros com mais tranquilidade. Ao aceitar que você pode falhar e isso não muda quem você é nem te torna incompetente, seu papel como gestor vai se tornar mais leve. Busque estabelecer parâmetros internos para perceber quando você vai bem e quando você vai mal, sem necessariamente precisar que alguém te diga isso.

B) Você é uma pessoa moderada, fácil de lidar e previsível. Sempre persistente e estável, sem muitos altos e baixos. Você é daqueles que vão até o fim em um projeto ou trabalho e esperam que quem trabalha com vocês também faça o mesmo. Sua determinação, tenacidade e consistência inspiram e influenciam as pessoas. Você chega a ser teimoso de tão obstinado, conservador e disciplinado. Você detesta desorganização e não gosta de mudanças bruscas e drásticas. Às vezes demora um pouco para tomar decisões, mas quando toma é muito difícil te fazer mudar de ideia. Você é discreto, calmo, fica na sua e não fala mais do que o necessário. No entanto, quando necessário é questionador porque gosta de se aprofundar no entendimento dos assuntos.

Cuidado para não ser sempre tão exigente com os outros e com você mesmo. Obstinação e teimosia em alguns instantes se confundem. Lembre-se de que suas principais qualidades podem se transformar nos seus maiores defeitos. Tenha o cuidado de saber quando é o momento de parar de se esforçar e abrir mão de um projeto ou de alguma coisa na sua vida. Aceite que não é possível controlar todas as coisas e que as mudanças nem sempre são ruins e de tão difícil adaptação. Considere que eventualmente um pouco de flexibilidade pode te tornar um líder mais benquisto.

C) Você tem força de caráter e uma independência fora do comum. Costuma ser impaciente e se irritar com facilidade, principalmente quando discordam de você sem apresentar provas de que a ideia ou solução é melhor que a sua. As pessoas te veem como frio e racional. Pragmatismo é uma marca bem mais forte na sua personalidade do que afetividade. Você é extremamente focado em resultados e alcança isso através do domínio do que faz ou do que deseja fazer, da independência e do poder. Para você um trabalho bem feito é aquele que alcança seus alvos, mas que é executado rapidamente, sem enrolação. Você admira gente autoconfiante e forte. Para chegar aos resultados você usa da sua capacidade de influência, da sua força de caráter, persistência, e da clareza do seu direcionamento, mas se for necessário você pode eventualmente lançar mão de intimidação, do confronto e da agressividade quando lida com pessoas frágeis. Você se mostra frequentemente impaciente, principalmente com a lentidão. Você prefere motivar as pessoas através de desafios e do estímulo à competição. Quando você toma uma decisão, dificilmente volta atrás e a forma de se comunicar é curta e grossa, por isso, pode parecer às vezes áspero e distante.

Entenda que nem todas as pessoas têm a mesma energia e disposição que você. E que ser direto demais nem sempre é o melhor caminho com todas as pessoas. Lembre-se de que para que seus funcionários se tornem ágeis e independentes eles devem ser desenvolvidos. Tenha o cuidado de monitorar sua autoconfiança para que ela não se torne arrogância, entendendo que existem várias maneiras de enxergar as coisas e não apenas uma única verdade absoluta. Exercite sua tolerância. Você será recompensado pela sua equipe.

D) Você é uma pessoa afetiva, confiante e entusiasmada. Adora se sentir prestigiado, *status* e reconhecimento são extremamente importantes para você, que busca a aprovação e popularidade. Tem admiração pelas pessoas que sabem se comunicar bem. Quando deseja influenciar alguém, adota uma abordagem amigável com troca de elogios e de favores. Suas características mais marcantes são o entusiasmo, o otimismo e a tolerância. Você não gosta de ambientes rígidos, de perder reconhecimento social e de ficar em desvantagem em relação a alguém. Prefere compartilhar informações e falar mais do que escutar. Você delega com facilidade, mas não gosta de controlar as pessoas e costuma ser um pouco impulsivo nas tomadas de decisões.

Observe quando, para preservar a admiração dos outros, você deixa passar coisas importantes que podem gerar impacto futuro. Se não estiver atento pode abrir mão de resultados para prestigiar e ser prestigiado e usar o tempo de forma pouco produtiva.

Sua característica emocional pode levar as relações e as conversas mais para o pessoal do que para o profissional. Busque usar sua capacidade de se aproximar e de convencer para superar seus objetivos e desenvolver sua equipe.

Combinações de perfis possíveis:
AB, AC, AD - BA, BC, BD - CA, CB, CD - DA, DB, DC

Parabéns, se você chegou aqui já sabe que esse é um retrato de quem você é e de como você está agora. Você pode mudar como está e se adaptar para melhorar seus resultados como líder e como pessoa maximizando suas características positivas e minimizando o impacto das negativas, mantendo a sua identidade.

Te desejo sucesso.

Forte abraço.

Mindset
do Empreendedor

2

Fernanda Peris

O que *mindset* tem a ver com as suas crenças

Um texto para você refletir em que aspecto está sabotando seu próprio negócio ou carreira

Fernanda Peris

Coach, empreendedora, fundadora do "A Vida que eu sempre quis", criadora do Método e Treinamento para Eliminação de Crenças - Nanda Peris, e mentora de *coaches* em ascensão. Possui mais de oito anos de prática em Coaching. Mais de 3 mil horas de práticas de Coaching no mundo corporativo com clientes altos líderes em empresas como OI, Vale, Sebrae, CEG.
"Todos temos uma missão. A minha é empoderar pessoas que realizam e, assim como você, sentem que são líderes para si e para o mundo."

---

www.fernandaperis.com.br
ola@fernandaperis.com.br

Mindset
do Empreendedor

Todo mundo que traçou objetivos para si mesmo ou seu negócio e não desistiu, em algum momento se perguntou: "O que estou fazendo de errado a ponto de parecer que as coisas não estão andando?"

Será que existe algum segredo que não sei? Será que existe uma fórmula mágica a ser descoberta? O que realmente falta?

Que nossos pensamentos criam coisas, acho que isso não é segredo para ninguém, certo? Um dia o homem decidiu voar, criou o avião, decidiu entender, desenvolveu a ciência, e mentes criadoras de realidades fizeram coisas que outras jamais conceberiam ou poderiam entender.

Os pensamentos energia, combustível e um senso de certeza (nossas crenças) que nos levam em direção a (*mindset*) alguma coisa. O seu *mindset* nada mais é do que a direção para onde a sua mente está voltada. Se você cria coisas grandes ou pequenas na sua vida. Se você aproveita e se joga nas oportunidades ou não, se você acha que pode muito ou pouco, rápido ou devagar nos seus negócios, esse é o seu *mindset* controlado e guiado pelas suas crenças, as suas considerações e as suas "certezas" de como as coisas funcionam.

Mas como assim, crenças? Você está falando de religião? Não. Considere crenças como sendo pensamentos cheios de certeza e fé que nós repetimos e reproduzimos na nossa vida em forma de comportamento. Inclusive crenças a respeito de religião. Mas não é só isso. É tudo.

Crenças são as lentes que você usa para ver o mundo. E, conforme você vê, você age.

Uma coisa que eu digo sempre nos meus cursos de crenças: comportamentos não mentem. Eles refletem o tempo todo aquilo em que você acredita. E, muitas vezes, aquilo que você acredita te leva para um comportamento completamente limitante (e muitas vezes destrutivo) em relação ao seu objetivo ou o que você mais deseja na vida.

Mas como se livrar desses pensamentos? Bem. Eu vou te dizer, já já!

Antes disso, meu nome é Nanda Peris. TALVEZ você me conheça, talvez não, eu sou *master coach* especialista em crenças, *coach* para empreendedores e mentora de *coaches* em ascensão.

Há quase dez anos eu atendo no mundo corporativo altos executivos, empresários e empreendedores que têm elevados objetivos a atingir. Pessoas e empresas grandes e multinacionais como Oi, Vale, Sebrae, CEG. E de diversos níveis. Todas elas, quando paravam em determinado ponto, era certeiro: tinha crença limitante ali!

Em maior ou menor grau, todas as pessoas em um ponto de suas descobertas se veem repetindo padrões, problemas e situações indesejáveis por causa das crenças que criam essas realidades, sem conseguir avançar. E o pior: a maioria passa a vida inteira sem ter a noção disso.

Isso quer dizer que não importa sua classe social, profissão, sexo, bandeira, religião ou qualquer outra coisa que te classifique, as crenças e pensamentos limitantes, as formas nas quais você se colocou estarão sempre ali, impedindo que você vá além daquilo que estabeleceu como possível. Mesmo que inconscientemente.

Perceba agora seu grau de dificuldade em alguma área da sua vida ou do seu negócio. O que será ou que tipo de pensamento está te levando para lá? Que tipo de pensamento você está tendo que está criando essas situações? Percebe?

A área da sua empresa que você delimitou como "chata", "não sei fazer", "é difícil" ou "não consigo ninguém para colocar lá" não é por acaso a área mais fraca ou a área de mais problemas ou muitas vezes a área que está levando seu negócio para o buraco.

Crenças não são lógicas. Elas são explicadas pela lógica. E exatamente por isso elas passam despercebidas bem embaixo do nosso nariz.

Dizer "eu não tenho sucesso porque o País está em crise" cria uma lógica comunitária que faz você ser bem aceito em qualquer roda de conversa pela maioria das pessoas.

E o que a gente quer é exatamente isso! Ser aceito, não fazer nada e AINDA ter os resultados.

Só que, claro, se você já passou da infância, provavelmente já descobriu que não é assim que a vida funciona.

Mas afinal de contas então, Fernanda? Como eu faço?

Bem, o primeiro passo é IDENTIFICAR. Não dá para lutar com um inimigo que você não conhece! Como você vai desativar algo que você simplesmente não sabe que existe? Impossível.

Então, faça uma análise das áreas de dificuldades da sua vida e comece a pensar nas certezas que você tem sobre elas e como elas impactam seus resultados e geram suas dificuldades.

Eu vou te dar um passo a passo pra você fazer isso de forma assertiva, mas, antes de fazer, esteja aberto e pronto para dar um grande salto ou ter uma grande descoberta.

Antes, deixe-me explicar aqui três tipos de crenças que aparecem MUITO no dia a dia de líderes e empreendedores e talvez você tenha algumas delas impedindo sua alavancagem, isso pode facilitar um pouco sua busca.

Vou citar aqui, para você entender do que estou falando e aplicar a si mesmo, DOIS TIPOS.

Primeiro tipo: crenças de identidade

As crenças de identidade são pensamentos e considerações sobre quem você é.

Em algum momento da sua vida, para se proteger, para se salvar, para ter um reforço positivo, você tomou uma atitude que te deixou muito bem. Foi assertivo. Aquela atitude e comportamento geraram uma crença. Pode ter sido um momento em que você contou uma piada e todos riram, ou que você precisou ficar calado para se livrar de um problema.

A partir daí, você criou uma crença de identidade: no primeiro caso, "eu sou engraçado" e no segundo caso, "eu sou tímido".

Em outros casos, "eu sou bonzinho", "eu sou mandão", "eu sou grosso". Rótulos que damos a nós mesmos e fazem com que o cérebro, para não gerar incongruência interna, crie todas as formas inimagináveis de sustentar isso.

O problema se dá quando você não quer ser "bonzinho", "alegre" ou qualquer outra coisa.

Ser bonzinho quando precisa ser firme gera problemas. Ser alegre quando precisa seriedade também. Ser 24 horas uma pessoa limita o mundo de possibilidades que você tem na vida. E como você colocou e atribuiu seus comportamentos como sendo sua crença de identidade você É. Você se enlatou. Esse *mindset* te restringe e não te expande.

Pode ser que você tenha uma crença de identidade que está te impedindo de dar um grande passo em relação aos seus negócios. Por acaso você tem uma?

Afinal de contas, quem você pensa que é?

Segundo tipo: crenças invisíveis ou crenças transparentes

O segundo tipo de crença e que as pessoas não se dão conta até mesmo pela forma em que ela se apresenta são as crenças transparentes.

As crenças transparentes ou crenças invisíveis são cores e formas que damos às coisas inconscientemente achando que elas são assim. Você está lá, se esquivando de fazer as suas vendas, de fazer aquela ligação, e tomar a decisão que vai bombar seu negócio, mas por algum motivo você não faz.

Certa vez atendia uma cliente maravilhosa. Ela possuía um produto incrível de transformação pessoal e estava todo pronto. De alguma forma, ela não sabia por que não colocava aquela maravilha toda em prática.

Bem, fizemos uma sessão e descobrimos que: "Se eu vender esse produto eu vou perder o amor dos meus pais".

UAU! Quem imaginaria isso?

Pois vou te dizer: muitas pessoas não têm sucesso porque acreditam que em algum ponto vão perder ou se afastar de quem amam por causa de seus resultados.

No caso dessa minha cliente, ela achava isso porque seu curso ensinava coisas que iam contra aquilo que seus pais acreditavam.

Mas pensa comigo... Qual a lógica nisso? E aprenda: crenças não são lógicas. São crenças.

Ainda nesse mesmo tipo de crença, certa vez atendi uma cliente que não "podia" ter muito dinheiro porque senão ia perder o amor de seus pais, já que seu pai sempre passou muita dificuldade na vida.

Outro cliente gastava todo dinheiro que ganhava. Ele não podia ter dinheiro em conta porque, segundo sua crença, ele "não precisava ter mais do que o suficiente". Algo que ele ouvira de seus avós a infância inteira.

E pessoas, empresas e empreendedores de diversos níveis e classes passam anos e anos querendo algo, mas agindo completamente diferente, ou até mesmo destruindo e se autossabotando, desistindo, sofrendo os mesmos problemas de sempre, bloqueados e paralisados para um futuro extraordinário simplesmente porque não entram em contato e não identificam essas crenças e pensamentos que não vemos, mas que regem a nossa vida!

Uma dica extra - *Na maioria das vezes, só "desconfiamos" que tem algo errado quando observamos os fatos e as evidências. Quando olhamos honestamente para nossos resultados e temos a coragem de vê-los como realmente são, sem interpretações e fantasias. Olhar para aquela situação que te persegue e entender que você a cria, que você não a vê. Por isso elas são invisíveis, mas você vê o mundo através dela.*

Muitas pessoas só percebem essas crenças quando chegam ao limiar da dor. Quando já tentaram "de tudo" e estão prestes a desistir. É aí que eles "soltam a corda" e sem as suas considerações conseguem enxergar a si mesmos e crescer.

Para finalizar, antes de você pensar em virar um "louco caçador de crenças" por aí: (hehehe)

Você não precisa eliminar todas as suas crenças limitantes. Você só precisa eliminar aquela que está te impedindo AGORA de dar o próximo grande passo. Aquela. A principal.

Isso por si só vai fazer você ter resultados extraordinários muito além do que já teve até agora. Em todas as áreas da sua vida! Afinal, nós não somos partes, somos inteiros.

Fique atento! #dicaesperta

Toda crença limitante já foi positiva um dia e talvez aí esteja inconscientemente a grande resistência que nós temos em deixá-la ir. Você acredita firmemente que ela é boa. É uma verdade. Você SENTE. Então, tenha carinho com você mesmo. Seja amoroso consigo, aberto e sem cortinas, se dispa de suas considerações e busque a "crença" que foi boa durante algum tempo ou em uma situação, mas que para o contexto atual e o *mindset* que quer criar ela não serve mais. A partir daí, escolha novas crenças que vão te levar para onde você quer e para a realidade que você quer vivenciar e experimentar. Vamos juntos?

Espero que você faça muitas descobertas e tenha grandes saltos na sua vida e nos seus negócios!

Trabalhe sua crença

No exercício a seguir, se for honesto o bastante e estiver aberto, encontrará uma baita crença que pode estar te impedindo de fazer MUITAAAA coisa. Comece a trabalhá-la antes que ela decida qual vida você deve ter!

Evolua!

Exercício
Como detectar uma crença limitante nos negócios: SIGA ESTE PASSO A PASSO

Observe o seu sentimento em relação as suas metas. Você acha que ESTÁ muito longe, que é muito difícil, é muito complicado? Tem crença aí!

Como descobrir onde tem e qual a crença limitante?

Passo 1 - O que mais você quer na vida (ou agora)?

Pense em um objetivo que você queira muito. Que realmente esteja alinhado com quem você é e com a vida que quer criar.

Passo 2 - E por que você não tem isso? Para cada resposta pergunte por que novamente (faça umas cinco vezes "por que" ou até não ter como responder).

Passo 3 - Como você se sente em relação a isso (essa meta)? Leve ou pesado? **Confortável ou desconfortável?** O que é desconfortável, exatamente? Por quê? É leve ou pesado? O que é, exatamente, pesado? Por quê?

Passo 4 - (Essa é para arrematar de vez!)

O que haverá de NEGATIVO OU RUIM QUANDO atingir a meta ou seu objetivo ou seu sonho? O que vai ser ruim com isso? (Todas as crenças limitantes ao objetivo pipocam aqui.)

Passo 4.1 - Sem pensar muito, escreva cinco pensamentos que você tem a respeito da sua meta.

Passo 5 - De tudo que você respondeu, releia as frases e aponte qual delas você SENTE que é a que mais lhe impede de atingir seus objetivos. Qual TOCA mais? Qual mexe mais com você e é mais forte? Tem alguma que resume tudo? Todo o pensamento?

PARA REFLETIR...

O que crenças têm a ver com *mindset*?

Crença é coisa de religião?

Que tipo de pensamento eu posso ter que está travando meu negócio ou carreira?

Qual tipo de crença é mais nociva?
Como saber se a tenho?

Como descobrir minha crença limitante - simples e fácil.

Mindset
do Empreendedor
3

Geize Lima

Como transformar sua carreira em um negócio de sucesso

Geize Lima

Psicóloga, coach e mentora de profissionais liberais. Especialista em Gestão de Pessoas e Doenças Psicossomáticas. Psicóloga perita do Detran/RJ, com habilitação pela Universidade Católica de Brasília. Membro da Sociedade Brasileira de Coaching, com formação em Personal & Professional Coaching. Master Coach de Carreira, pelo IMS Coaching de Carreira. Executive Coach, pelo Coaching Club, de Adriana Marques. Criadora do Programa META – Mentoria para Empreendedores que Transformam, que já ajudou mais de 50 empreendedores a montarem seus negócios/cursos online. Criadora do GEI - Grupo Empreendedores Iniciantes, que coordenou por um ano, com mais de 190 membros. Coordenadora e coautora do livro "Orientação Vocacional e Coaching de Carreira", Editora Leader, março de 2016. Fundadora do Projeto Social Seja+, onde ministra treinamentos gratuitos voltados para o desenvolvimento pessoal e profissional de pessoas financeiramente menos favorecidas. Possui mais de 11 anos de experiência em desenvolvimento humano, realizando entrevistas, processos seletivos, treinamentos e atendimentos de Coaching. Ao todo, já realizou mais de 21 mil atendimentos.

geize@geizelima.com
www.geizelima.com
@psicologageizelima

Mindset
do Empreendedor

Os cursos de formação superior no Brasil formam trabalhadores operacionais. Tão operacionais quanto aqueles que não têm nenhuma formação. Muda o conhecimento, mas a dinâmica de trabalho continua a mesma. Parece forte demais isso, não? Mas vou explicar o porquê dessa afirmação.

Na verdade, obviamente, esse problema não começa na educação superior. Vem de berço! Nossas crianças aprendem desde muito cedo a fazer cálculos matemáticos que naquela fase não fazem nenhum sentido pra elas, não se conectam com a realidade delas. Foi assim comigo e, certamente, foi assim com você também.

Imagine como seria bem diferente se desde muito pequenos nós aprendêssemos sobre como lidar com as emoções, com nossos próprios pensamentos. Se aprendêssemos sobre lidar com nossas necessidades internas, a prestar atenção em nós mesmos. Se aprendêssemos e praticássemos a autorresponsabilidade, entendendo que somos nós e ninguém mais os responsáveis por construir nossa própria história e que jamais devemos culpar ninguém por aquilo que não realizamos.

Imagine como seria bem diferente se ainda durante a nossa infância, nos nossos primeiros anos, aprendêssemos que estudar para ser alguém na vida não faz sentido algum. Que, na verdade, nós só somos alguém quando construímos aquilo que desejamos ser. E tudo que precisamos pra realizar qualquer coisa já está dentro de nós.

Esse seria um cenário totalmente diferente deste que conhecemos hoje. O que permitiria que na vida adulta já tivéssemos uma mentalidade amadurecida o suficiente pra entender que, todos nós, aquele que trabalha e o que não trabalha; aquele que é empregado e o que não é; aquele que tem e o que não tem uma empresa, todos nós somos empreendedores em algum nível. Que, na verdade, toda vez que alguém se responsabiliza por escrever e realizar a própria história nasce um empreendedor. E sendo assim, o tema empreender deveria ser do interesse de todos.

Deveria, mas não é. E por que não é? Porque nem mesmo as universidades, instituições da cadeia superior de ensino focam seus conteúdos para o empreendedorismo. É uma cultura de ensino presa no tradicional, no que era útil e aplicável há mais de cem anos, mas que hoje não é funcional àquele que aprende.

Aliás, a educação superior no Brasil existe desde 1808. Nesse ano foram criadas as escolas de Cirurgia e Anatomia, em Salvador (hoje Faculdade de Medicina da Universidade Federal da Bahia), e de Anatomia e Cirurgia no Rio de Janeiro (hoje Faculdade de Medicina da Universidade Federal do Rio de Janeiro), e a Academia de Guarda Marinha, também no Rio[1].

Segundo Adorno, os cursos de formação superior foram criados inicialmente por interesses políticos. Queriam pessoas formadas e capazes para servir ao Estado[2]. De 1808 até 1990, em decorrência do processo de transformação político-institucional do País, o sistema de ensino superior passou por diversas mudanças. Mas, parando pra analisar hoje, percebe-se que as mudanças ainda não chegaram a um nível coerente com nossa atual realidade - não ensinam sobre empreendedorismo nas universidades.

A história se repete

É muito comum encontrarmos psicólogos, fisioterapeutas, fonoaudiólogos, nutricionistas, jornalistas e tantos outros profissionais liberais frustrados em suas carreiras. Eles se formam, em seguida abrem seus consultórios/escritórios, passam a implorar indicações de amigos e familiares,

---

1 (Sampaio, Helena, P. 2)
2 (Adorno, 1988, p. 1-20)

se "escondem" atrás das suas mesas e ficam esperando seus pacientes/clientes chegarem.

Com o passar dos meses, o dinheiro que os pais destinaram a esse "negócio" começa a acabar. A família começa a pressionar. Aquele recém-formado que antes era o orgulho da família começa a ser motivo de preocupação. E o novo profissional liberal que antes era puro gás e empolgação começa a se ver frustrado e desanimado. Começa a se questionar se realmente valeu a pena tantos anos de estudo e investimento.

O relato acima é um possível cenário. Talvez o mais comum. Mas há alguns outros, como a pessoa fazer sua faculdade, se formar e ir trabalhar em alguma empresa, recebendo um salário infinitamente menor do que gostaria e merece.

Em casos ainda piores, a pessoa se forma, mas não consegue colocação no mercado dentro da sua área de formação e continua no mesmo emprego que já tinha antes de formar-se. Será apenas mais um na estatística de profissionais com diploma, com zero de prática.

Se você mesmo não passou ou passa por isso, certamente você conhece alguém nessa situação. Porém, todo esse contexto seria muito diferente se nas faculdades ensinassem empreendedorismo. Se ensinassem noções de *marketing*, vendas, psicologia do consumidor, bases de um modelo de negócios. E mais, se ensinassem que os profissionais liberais não precisam ficar presos a um modelo tradicional de exercerem suas profissões, apenas prestando atendimentos atrás de uma mesa.

Todo profissional liberal é uma joia preciosa, porque ele tem o que há de mais importante, o conhecimento. Esse conhecimento, se usado de forma correta, pode alcançar um número infinito de pessoas pelo mundo. Estou falando aqui da venda de conhecimento!

Tudo nesse mundo é vendido. Aliás, se existe um profissional liberal, é somente porque ele pagou de forma direta ou indireta 4/5 anos de estudo pra ter tal título. Então, nada mais justo do que ele vender o conhecimento que tem e não ficar apenas preso à prática daquilo que aprendeu.

Porém os profissionais liberais, em sua grande maioria, sequer pensam nisso, porque estão presos àquele modelo tradicional de atendimento que aprenderam durante os anos de faculdade. Estão acostumados a pensar em um único formato de trabalho. As crenças, os medos, o contexto familiar, a criação, tudo isso colabora para que o profissional liberal construa sua carreira de maneira muito medíocre (salvo raras exceções).

Existe um mundo lá fora - além das quatro paredes - cheio de possibilidades pra transformar sua carreira em um negócio rentável e bem-sucedido. Você não precisa repetir a história, não precisa se manter no lugar comum. E pra sair dessa posição basta querer e dar espaço para que as mudanças aconteçam de dentro para fora. Permita nascer dentro de você um empreendedor!

Nasce um empreendedor

A essa altura você pode estar se questionando: mas se fosse assim tão simples empreender todos seriam empreendedores. A verdade crua é dura - empreender não é simples e também não é pra qualquer pessoa (mais à frente vou explicar o porquê). Empreender implica muito trabalho e, ao contrário do que muitos pensam, o trabalho começa na mudança da sua forma de encarar a vida. Essa é a fase mais difícil, porque mexe com questões emocionais profundas, na maioria das vezes muito dolorosas.

O empreendedor precisa antes de tudo aprender sobre seu funcionamento, pois apenas conhecendo bem o que tem dentro de si poderá utilizar seus recursos em seu potencial máximo. E um ponto fundamental para que isto aconteça é reconhecer o papel das próprias crenças.

Crenças nada têm a ver com religião. São pensamentos carregados de emoção. E através desses pensamentos nós criamos uma realidade na nossa cabeça. Uma realidade única, particular, que faz sentido apenas pra nós mesmos.

Todos nós temos um conjunto de crenças, isso vem desde a nossa infância. Nós aprendemos essas crenças com nossos pais, professores, com a nossa religião. Todas as nossas vivências e experiências, por mais simples que pareçam, são captadas e formam esse conjunto de crenças que levamos pra vida toda. E também durante toda a vida esse conjunto vai se modificando, se moldando conforme nossas vivências.

Aí você deve estar pensando: então tudo é crença. Na verdade, sim. Tudo aquilo em que nós acreditamos é uma crença.

Pensando assim, nós teríamos então que conhecer todas as nossas crenças? Não. Até porque, se tudo são crenças, conhecer todas elas é algo impossível. As crenças se formam de maneira gradual e por isso não nos damos conta delas. E o segredo para ter bons resultados na vida está em: identificar aquelas crenças que te limitam para eliminá-las. E identificar também aquelas que são saudáveis, para torná-las ainda mais fortes, pra te impulsionarem na direção daquilo que você deseja realizar.

Manter crenças que não estejam alinhadas com aquilo que você deseja pra sua vida é remar contra a maré, porque são essas crenças que vão embasar seu modelo mental e ditar sua forma de enxergar o mundo. Segundo Carol Dweck, professora de Psicologia da Universidade de Stanford, uma parcela significativa do que acreditamos ser nossa personalidade na verdade é gerada por nosso *mindset*, nosso modelo mental.

Você consegue perceber a importância disso? Muito daquilo que você pensa, sente e consequentemente faz não é de fato sua personalidade. É simplesmente ação das suas crenças. E a boa notícia é que elas podem ser modificadas. Identificá-las já é o primeiro passo para a mudança.

Quando você iniciar o trabalho com suas crenças, você vai perceber uma nítida mudança na sua forma de encarar a vida, a sua profissão, sua carreira, sonhos e planos. Você vai começar a acreditar e achar possíveis coisas de que antes era totalmente descrente. Na verdade, vão começar a entrar "no seu radar" coisas novas, que antes você sequer percebia. E outras coisas que antes eram importantes perderão o sentido.

Nesse momento você estará simplesmente virando a chave e já conseguirá enxergar sua carreira de forma diferente, com possibilidades infinitas para monetizar todo o conhecimento e experiência que você adquiriu com a sua profissão.

Sendo assim, se você ainda não fez, recomendo fortemente que volte ao capítulo anterior e faça os exercícios para identificação das suas crenças. Somente após fazer os exercícios lá retome a leitura aqui. Combinado?

Pronto, se você fez o que recomendei, agora está com o *mindset* preparado, já pode iniciar as ações externas para transformar sua carreira em um negócio de sucesso.

Empreender na prática

Agora que a transformação por dentro já está ativa, pode começar a pensar como você poderia empreender, enxergando a sua carreira como um negócio. Não importa qual é a sua profissão ou o seu segmento de atuação, há diversos formatos para transformar sua carreira em um negócio, principalmente se você quiser utilizar os recursos que a *internet* oferece.

Sendo assim, a partir de agora vou lhe passar um conteúdo simples, porém muito eficaz. Se aplicado do jeito que aqui será ensinado, certamente lhe trará resultados significativos.

Sua carreira é um negócio. E o que caracteriza um negócio é toda e qualquer atividade econômica desenvolvida com o objetivo de gerar lucro[3]. Portanto todas as suas ações na gestão do seu negócio precisam estar focadas no lucro. Parece óbvio isso, não? Mas, parando pra analisar, talvez não seja tão óbvio assim... Veja se você sabe as respostas das perguntas a seguir:

1) Qual é o seu nicho?

Se você ainda não sabe a resposta para essa pergunta, fique calmo. Logo, logo saberá! A primeira coisa que você deve pensar é que atua em um mercado e que ele é um verdadeiro mar de possibilidades. Tem de tudo nesse mar, inclusive pessoas da sua área e com as mesmas habilidades que você. Então, o que você precisa pra sair na frente é fazer diferente, com comportamentos que te levem para fora da curva, fora do lugar comum.

O sucesso da atração de potenciais clientes está na escolha de um nicho/segmento mais específico, onde você possa ser reconhecido como um especialista. Aquela coisa de atender todo mundo que aparecer vai acabar

---

[3] Wikpédia - Acesso em 12/08/17

construindo uma imagem distorcida na cabeça do seu cliente. Quem vende pra todo mundo não vende pra ninguém! Ser um especialista reforça a sua autoridade em um assunto específico, ajuda você no seu posicionamento perante a concorrência. Você precisa construir uma imagem profissional na cabeça do seu cliente em potencial, ao ponto de, ao precisar de um profissional naquele segmento, ele se lembrar de você. E tudo começa pela escolha do nicho.

Ter um nicho de mercado é, basicamente, oferecer uma solução "quase perfeita" para um problema de um grupo pequeno e específico de pessoas ou empresas. Mas pra oferecer a solução "quase perfeita" você deve começar a pesquisar seu cliente em potencial. Buscar conhecê-lo, se relacionar com ele. E seu potencial cliente só vai querer se relacionar com você se perceber que você tem aquilo que ele precisa. Funciona como um ímã, um atrai o outro. Se seu potencial cliente não encontrar o que deseja em você, vai procurar em outro lugar.[4]

Faça essa reflexão: você tem um nicho de mercado? Quem é seu potencial cliente? Mais à frente você terá oportunidade de fazer exercícios que vão te ajudar a encontrar essa resposta.

2) O que você vende?

Sim, você vende. Embora falar isso talvez possa soar estranho pra você, por não ser algo habitual. Mas se você é um profissional você vende serviços/produtos e este serviço vem carregado de coisas muito importantes para quem o recebe. Certamente "essas coisas" são para o seu cliente mais importantes que o próprio serviço que você presta. Já parou pra pensar sobre isso?

Estamos aqui falando sobre valor. E isso nada tem a ver com o preço que você coloca no seu serviço/produto. Tem a ver com a forma com que seu cliente percebe aquilo que você entrega.[5]

Por exemplo: eu presto serviço de Coaching e Mentoring para pro-

---
4 O Mito do Empreendedor - P. 103
5 Business Model You - P. 37

fissionais liberais que desejam empreender. E, segundo a fala dos meus clientes, existem dois pontos principais do meu trabalho que foram decisivos ao optarem por contratar meus serviços: minha linguagem simples e assertiva e também a minha disponibilidade e presteza em ajudar.

Perceba que eu vendo um programa completo, cheio de exercícios, ensino atalhos e pulos do gato para empreender. Ensino como usar ferramentas do *marketing* digital, como construir posicionamento e autoridade no mundo digital etc. Porém o mais importante para o meu cliente não é o programa em si. Eles enxergam valor em algo que eu faço com naturalidade e que, por ser natural, nem percebo.

Faça esta reflexão: "Você conhece o valor do seu serviço?" Mais à frente você terá oportunidade de fazer exercícios que vão te ajudar a encontrar essa resposta.

3) Efeito ímã

Após decidir em qual nicho de mercado você vai trabalhar, buscar conhecer as necessidades específicas do seu cliente ideal e ser conhecedor íntimo do valor do seu trabalho, basta somente entrar em ação para prospectar.

Ou seja, você vai precisar fazer uma pré-venda pra esse cliente ideal e somente após essa pré-venda é que você vai de fato fazer a venda que vai te gerar lucro.

Esse movimento é justamente o contrário do que se pratica. Você não vai esperar o potencial cliente te achar. Você é quem vai encontrá-lo, no que chamo de "efeito ímã", durante a pré-venda.

A pré-venda é o que chamamos de *marketing* de conteúdo[6]. Uma maneira de engajar e fazer crescer sua rede de potenciais clientes, através da entrega gratuita de conteúdo relevante e valioso, atraindo, envolvendo e gerando valor.

Você poderá iniciar a pratica do *marketing* de conteúdo usando as ferramentas que já tem, suas redes sociais. Como você já conhece seu poten-

---

6 Negócios Digitais - P. 87

cial cliente, saberá o que entregar para satisfazer as necessidades dele. Use e abuse do "efeito ímã".

A realidade crua e nua

Trabalhar os pontos acima é o pontapé inicial para suas ações externas. Mas, se você está pensando que terá resultados da noite para o dia, que basta fazer o passo a passo que a mágica vai acontecer, vou ser muito sincera com você, nem faça! Sabe por quê? Porque você vai se frustrar.

Essa é uma dura verdade, mas é justamente assim que acontece. Já cansei de atender profissionais que "se aventuraram" no mundo dos negócios sem de fato entender como as coisas funcionam. Na maioria das vezes, passam anos investindo em graduações, mestrados, doutorados, cursos e mais cursos e não alcançam os resultados que desejam em suas carreiras.

Quando finalmente conhecem o caminho do empreendedorismo, acham que os resultados precisam aparecer da noite para o dia. Que vão trabalhar menos, no conforto do seu lar e terão grandes retornos financeiros. Vão com uma sede gigantesca ao "pote do empreendedorismo" e, após constatar como as coisas funcionam de verdade, desistem. Porém alguns buscam ajuda, ajustam a rota e conseguem verdadeiramente mudar de nível.

Empreender é uma escolha, um posicionamento diante da vida. É viver na corda bamba e ser feliz assim. É saber que muitas vezes será chamado de louco e que não poderá contar nem mesmo com o apoio da família. É saber que em muitos momentos você vai estar sozinho com suas ideias, sem ter com quem compartilhar.

Empreender não é brincadeira, mas é um jogo. Tudo que você não faz por ser inseguro, alguém vai lá e faz. E toda vez que você acha a caminhada árdua demais e para, alguém te passa. Porque a vida não para. Empreender é para resilientes, persistentes e corajosos. Se você está nesse grupo, te convido a fazer os exercícios a seguir, para te ajudar a definir seu nicho de mercado, conhecer seu cliente e aumentar de forma expressiva o resultado das suas vendas.

Exercícios

1) Nicho:

A) Quais assuntos você domina? Você é especialista em quê?

B) Pense a respeito dos seus conhecimentos, das suas experiências. O trabalho que você já faz pode ser feito em um formato diferente? Qual seria esse formato?

2) Cliente X Serviço:

A) Que tipo de problema você resolve? Qual é o principal problema do seu cliente ideal?

B) Qual é o valor embutido no seu produto/serviço que seu cliente valoriza mais que o próprio serviço?

3) Marketing de conteúdo:

A) O que é o "efeito ímã"?

B) O que você pode começar a fazer hoje para atrair potenciais clientes usando esta técnica?

REFERÊNCIAS BIBLIOGRÁFICAS:

ADORNO, S. **Os Aprendizes do Poder.** Rio de Janeiro: Ed. Paz e Terra, 1988.

PAKES, A. et al. **Negócios Digitais.** São Paulo: Ed. Gente, 2015.

DWECK, C. **Mindset - A nova psicologia do sucesso.** Ed. Objetiva, 2017.

GERBER, M. 2001. **O Mito do Empreendedor.**

SAMPAIO, H. **Evolução do ensino superior brasileiro.** Núcleo de Pesquisas sobre Ensino Superior da Universidade de São Paulo.

CLARK, T. **Business Model You.** Rio de Janeiro: Ed. Alta Books, 2013.

Mindset do Empreendedor

Anotações

Mindset
do Empreendedor
4

Catiane Ferronatto

Você é a sua maior obra

Catiane Ferronatto

Coach de realização profissional, analista e trainer de analistas comportamentais, administradora de empresas, empresária e palestrante.

Membro da Sociedade Brasileira de Coaching, com formação em Personal e Professional Coaching, Career Coaching e Positive Coaching.

Tendo o Coaching como área de referência, é especialista em treinamentos, análise comportamental e estudo de clima organizacional, atuando em processos individuais e empresariais, desenvolvendo líderes, equipes e profissionais de diferentes áreas de atuação.

(54) 98407-3336 / WhatsApp
catiane.ferronatto@gmail.com
www.catianeferronatto.com

Mindset
do Empreendedor

Não! Aqui você não vai descobrir como fazer uma análise SWOT e muito menos como descobrir as suas forças e utilizá-las para potencializá-las. Essa é somente uma etapa para o seu desenvolvimento. Na verdade, uma etapa muito importante, mas você pode ir mais além.

Quanto às alternativas que eu citei, poderia até apostar que você já tentou fazer e acredito que até mais de uma vez. E, provavelmente, se só focou em suas forças, você ainda não chegou ao seu melhor resultado.

Ok! Mas então? O que você vai encontrar aqui?

Você vai descobrir que focar todos os seus olhares nas suas forças pode ser muito prejudicial e quase tão prejudicial do que focar em suas fraquezas e tentar a todo custo melhorar este desempenho. Um desenvolvimento sólido precisa de muito mais do que isso e as pessoas que seguiram essa metodologia relataram grandes resultados, em qualquer área de aplicação, seja pessoal ou profissional.

Particularmente sugiro que para qualquer hábito que você queira mudar ou objetivo que queira alcançar na sua vida utilize essa teoria.

Tudo na vida é equilíbrio e precisamos olhar para os dois extremos para buscar nosso melhor resultado.

Aprendi, através de experiências pessoais e de meus atendimentos como *coach*, que existe uma forma muito mais efetiva para desenvolvermos nossos resultados. A fórmula mágica é muito simples e não tem nada de mágica nela.

Tudo o que precisamos fazer é reconhecer as nossas características pessoais, entender o motivo da necessidade de mudança ou melhoria e, por fim, desenvolver a fraqueza sempre associada a uma força e fortalecer as forças sempre mais. É surpreendente quando vemos que mesmo características que não nos agradam podem nos levar aos resultados que almejamos.

O resultado desta pequena estruturação em sua vida é visivelmente maior do que quando simplesmente aprendemos que devíamos focar naquilo em que somos bons.

Vamos entender porque isso acontece?

Sugiro que, para ler este capítulo, você tenha papel e caneta em mãos e permita-se sentir e valorizar cada pensamento. Anote tudo o que passar em sua mente para que depois possa avaliar o que sente e o que descobriu sobre si mesmo.

Separei para você em pequenos conceitos para facilitar a compreensão da estrutura.

Todos os personagens e casos aqui relatados são reais, de empreendedores que procuraram o Coaching para encontrar sua realização profissional e acabaram descobrindo que o desenvolvimento de seu negócio está intimamente relacionado ao seu desenvolvimento pessoal, que, sendo bem estruturado, traz resultados imediatos e altamente positivos. Precisaremos então falar um pouco sobre felicidade para deixar este entendimento mais claro.

Temos uma tendência a buscar por aquilo que nos faz felizes e eu não tenho como negar que tem todo o meu apoio quem vive com essa premissa em sua vida.

Caso estivéssemos em uma sessão e você me dissesse que quer voltar a se sentir feliz, como *coach* meu primeiro questionamento a você seria: "O que é felicidade para você?"

Faça o teste agora e responda a esta pergunta antes de dar continuidade à leitura.

Quase 100% dos casos podemos dividir em três possibilidades de respostas a este questionamento.

A primeira e mais comum é trazer à tona a negação do que nos deixa tristes, acreditando que, caso aquelas situações fossem eliminadas da vida, automaticamente, como um passe de mágica, a felicidade reinaria novamente.

João me procurou com o objetivo de aumentar as suas vendas, relatando que estava se dedicando 100% à empresa e não conseguia conquistar os resultados esperados. O relato dele foi mais ou menos assim: "Estou cansado de não ser valorizado, não quero mais trabalhar tantas horas por dia, não aguento mais não ver a luz do dia por estar trancado dentro da empresa e não quero mais ficar tanto tempo longe dos meus filhos".

Veja que, nesse relato, ele mostrou que estava vivendo com o foco em um emaranhado de problemas, onde não havia espaço para desenvolver as suas forças pessoais e a felicidade está diretamente ligada ao desenvolvimento de nosso potencial.

João simplesmente não via alternativas para desenvolver nada diferente do que já estava executando e estava sobrevivendo sem expectativas de mudanças, mesmo que dissesse o quanto precisava modificar este processo.

Perceba a delicadeza dessa situação ao falarmos sobre felicidade, porque mesmo que tudo o que ele listou acabasse agora, como assim era o seu desejo, o fato de não visualizar como seria a sua felicidade também não permitia que ele entrasse em ação para tentar mudar a realidade atual e, caso ele conseguisse eliminar alguma das situações listadas, provavelmente o primeiro sentimento seria o de alívio e, em seguida, de ansiedade ou frustração por não saber o que fazer com a nova situação, ou seja, isso ainda está muito longe da felicidade.

A segunda possibilidade é buscar por todos os momentos de alegria que queremos em nossa vida listando uma sucessão de atos para uma vida feliz ou relatando momentos que nos deixaram felizes.

Algo como o relato do nascimento de um filho, uma formatura, a compra de sua casa, uma promoção de emprego, ou até situações muito mais simples como chegar em casa depois de um dia cansativo de trabalho e sentir o cheirinho de um bolo de chocolate saindo do forno e que foi preparado com muito carinho especialmente para você.

Se a sua descrição foi parecida com esse resumo, você relatou muitos momentos de felicidade, mas isso não define uma vida feliz. A felicidade real traz plenitude e esta é encontrada quando desenvolvemos nossas forças e reduzimos nossas fraquezas através deste desenvolvimento.

Aqui também costumo ouvir afirmações como: "Eu só queria que o meu marido/esposa fosse mais disponível e gostasse de viajar tanto quanto eu".

Você consegue perceber o quanto também é delicada essa possibilidade?

Mesmo que já tenha trazido uma clareza maior do que a alternativa anterior, todos os relatos de felicidade estão atrelados a um acontecimento ou a uma terceira pessoa e a sensação buscada está baseada em uma expectativa que, por não ser própria, tem um grande percentual de chances de não acontecer, gerando frustração e sensação de infelicidade.

A terceira possibilidade, aquela que realmente traz felicidade, é a hipótese de entender que o encontro com este sentimento está no desenvolvimento de nossas forças e que para desenvolvê-las precisamos encarar as forças e as fraquezas para que possamos uni-las e assim desenvolvê-las em conjunto.

Em outras palavras, é viver agradecido por sermos um conjunto de características que nos torna únicos e que, ao identificá-las, podemos tomar a decisão de desenvolver nosso melhor potencial, pois agora conhecemos as nossas ferramentas e respeitamos todas as nossas características, mesmo aquelas que não parecem ter merecimento para serem valorizadas.

O primeiro passo para o amor é o respeito e quando falamos de amor próprio isso não poderia ser diferente.

Fomos treinados a enfrentar quando podemos ganhar ou fugir quando a ameaça parece indestrutível. O instinto nos faz pensar que esta é a melhor forma de enfrentarmos qualquer obstáculo assustador. É assustador nos depararmos com as nossas fraquezas e, por estarmos falando de instintos primitivos, somente estamos modificando a forma como a ameaça se manifesta.

Dessa forma, aprendemos durante toda a nossa vida que não podemos ter sentimentos negativos, que é preciso ver o copo meio cheio, que toda dor passa e que não podemos sentir dor, além de que esta deve ser evitada ao máximo.

Hoje, após minha experiência com diversos clientes que buscaram por realização profissional, percebo que a chave da mudança somente ocorreu a partir do momento em que ocorreu a aceitação da fraqueza. É mais ou menos como pensar em encher uma pia. Pense que a torneira é a sua força e o ralo sua fraqueza. Você já tentou enchê-la com o ralo aberto? É preciso uma quantidade muito maior de água e ainda assim não há garantia de que irá encher. Agora imagine continuar com a mesma vazão da torneira e fechar um pouco o ralo. Certamente o tempo reduzirá, correto? E se você fechar um pouco mais e aumentar a vazão da torneira? Novamente o tempo irá se reduzir. E aqui acredito que você irá concordar comigo que o melhor cenário seria fechar completamente o ralo e dar toda a vazão possível na torneira. E é exatamente aqui que ocorre a nossa maior falha, pois costumamos ver essa última opção como sendo a nossa única alternativa e quando nos deparamos com a impossibilidade de fechar completamente o ralo não conseguimos pensar na alternativa de fechar um pouco a cada momento e acelerar o processo de alcance do resultado esperado.

Estamos vivendo na era das soluções *online*, mas quando falamos em comportamento humano esta solução não é tão rápida assim. Ela exige cuidado, atenção e disciplina.

Vamos então passar a aumentar nossa *performance*? A ideia é simples. Escreva nas colunas abaixo as forças e fraquezas que você acredite possuir.

Para te auxiliar a listá-las seguem alguns questionamentos:

Quais características você tem que as pessoas elogiam e criticam?

O que te dizem que você faz como ninguém?

O que você sente fazer sem esforço e ter bons resultados?

Quem pode te dar *feedback*?

FORÇAS	FRAQUEZAS

Com estas características listadas ligue a força que você vai utilizar para reduzir a fraqueza.

Veja um exemplo:

Ana era uma excelente profissional, mas estava insatisfeita com o seu corpo e saúde. Nas sessões de Coaching, alegava que estava completamente atarefada e sempre que iniciava uma academia não conseguia manter por muito tempo. Ao questioná-la sobre o que lhe fazia feliz ela trouxe à sessão algumas características, como estudar, estar em ambientes ao ar livre e utilizar a sua criatividade. Aqui, chamaremos essas características de forças.

Questionada do contrário, Ana declarou sua extrema dificuldade em levar projetos até o final, mas que, em seu trabalho, não afetava seu desempenho, pois tinha possibilidades de delegar tarefas a pessoas de sua confiança. Disse também que talvez essa seria sua maior dificuldade na vida pessoal, já que cuidado com saúde não pode ser delegado.

Observe que ela encontrou uma alternativa para fechar o ralo na vida profissional.

Leitor, acredite, essa característica afetava demais o desempenho de Ana em sua vida pessoal, e quem sabe até na profissional, uma vez que a nossa forma física afeta demais o nosso desempenho e nossa energia de ação. Ela não tinha possibilidade de delegar a execução de exercícios físicos e por não ver a possibilidade de fechar completamente o ralo ela não conseguia sequer reduzir aos poucos o vazamento até alcançar o resultado esperado.

Ao final de oito meses ela alcançou o resultado esperado a partir de uma atitude muito simples que uniu uma fraqueza com uma força.

Ela percebeu que o que a afastava da academia era a rotina, então focou em buscar alternativas que aliassem exercícios físicos com sua força de criatividade e passou a fazer aulas de dança. Também decidiu participar de um grupo de corrida, pois percebeu que tendo compromisso com o grupo reduziria a sua tendência de desistir e, além disso, resolveu aproveitar esse tempo da corrida para ouvir aulas de inglês com fone de ouvido, atendendo assim a sua vontade de dedicar tempo maior aos estudos.

O mais interessante nesse processo é que, ao agir dessa forma, Ana relatou que o processo de mudança de hábito ocorreu praticamente sem sofrimento e que isso foi inédito em sua vida, já que, até aquele momento, ela nunca tinha tido a sensação de entrar em ação de uma forma duradoura e prazerosa.

Voltando à nossa metáfora, ela reduziu o vazamento do ralo, aumentou a vazão da torneira e experimentou a sensação de estar mais próxima do seu objetivo, como nunca tinha estado. Isso também deu a ela a sensação de possibilidade de alcance daquele objetivo. Fortalecida, não voltou a desistir.

Agora é a sua vez de olhar para as suas fraquezas buscando alternativas de reduzi-las através da valorização de suas forças. Olhe uma a uma e faça esse exercício. Acredite! Vale a pena!

E, como mensagem final deste capítulo, sugiro que você pense em alguém que possui uma característica muito peculiar e imagine essa pessoa inserida em um ambiente em que ela se destaca. Essa característica traz autenticidade à vida.

Agora pense nessa pessoa em um ambiente oposto, em que ela não consegue se sentir à vontade. Provavelmente isso ocorre pela mesma característica.

Quando não nos adaptamos mais a um ambiente temos a tendência de buscar outro que atenda às nossas expectativas. O que muitas vezes não percebemos ao ter esta atitude é que estamos tentando satisfazer alguma força ou fugir de alguma fraqueza. Esses são alguns de nossos combustíveis para a motivação. Quando estamos em nossa melhor *performance* é porque estamos conseguindo reduzir fraquezas através da utilização de nossas forças, tendo como resultado a geração de autenticidade por estar dando valor e poder aos nossos próprios talentos.

Conheça-se, respeite-se, fortaleça-se e torne-se o seu maior potencial.

Decida agora mesmo começar.

Anotações

Mindset
do Empreendedor
5

Andréia Mota

Como empreender com equilíbrio e produtividade

Andréia Mota

Coach pela SBCoaching, psicóloga e especialista em Psicologia Hospitalar pela Universidade Veiga de Almeida – UVA, além de coordenadora e coautora do livro: "Coletânea de Psicologia Hospitalar – Vol. II"; idealizadora do Programa "Vida Legítima", em que promove um reencontro das pessoas consigo mesmas numa descoberta e redescoberta de suas formas mais legítimas de viverem a vida, além de perceberem infinitas possibilidades de irem em busca de novos sonhos e de uma vida mais plena que façam real sentido para elas.

andreia.motacoach@gmail.com

Mindset
do Empreendedor

Em geral as pessoas têm consciência do que desejam e muitas outras sabem, com detalhes, os objetivos que almejam alcançar em suas vidas, porém após especificarem estratégias para efetivar o que estipularam como meta "travam" em duas situações. Uma delas é a falta de tempo e a outra é por não se sentirem capazes de levar até o fim o que desejam. Isso acontece independentemente do objetivo, seja emagrecer, casar, separar ou falar outra língua.

Portanto ao decidir empreender acontece o mesmo, pois a grande maioria das pessoas esmorece, já no início do processo de conquista, quando percebe não ter o tempo suficiente para concretizar todo o planejamento realizado ou não se sente capaz de levar o seu negócio adiante.

Ao perceber esse comportamento nos processos de Coaching que realizo, logo me veio o desejo de trabalhar esses aspectos com o objetivo de ajudar essas pessoas a não desistirem e, efetivamente, concretizarem seus sonhos.

Vou dizer para você, empreendedor, o que digo para todas as pessoas que iniciam um processo de Coaching comigo: não entre inocente nessa jornada! Isso mesmo! Não inicie um processo de escolhas, planejamento, ações e conquistas como se estivesse entrando num "parque de diversões", pois a probabilidade de se frustrar é quase de 100%!

No desejo de empreender, por exemplo, tendemos a imaginar o nosso negócio já conquistado, com os nossos clientes já satisfeitos e com o nosso retorno financeiro já garantido. E isso é fantástico, pois a *visualização* é uma ferramenta poderosíssima para a concretude dos nossos desejos, porém, é preciso mais do que imaginar! Precisamos planejar e agir com estratégia, ou seja, como se estivéssemos entrando numa guerra! Não falo isso para assustar e fazer você desistir do seu negócio. Ao contrário! Digo isso para que você, após visualizar o que deseja empreender, possa levantar a cabeça, respirar fundo, arregaçar as mangas e partir para sua conquista, porém, certo de que haverá muitos imprevistos, desafios e momentos de desânimo, mas que você estará consciente, ou seja, não entrará inocente nessa jornada!

Talvez você esteja agora se perguntando: "Ok, Andréia! Mas como estar, efetivamente, preparado para empreender?" Essa pergunta nos leva ao nosso próximo passo. Até esse momento você entendeu que qualquer objetivo precisa ter clareza, bem como você precisa estar consciente dos desafios e conquistas do processo para alcançá-lo e que empreender está totalmente incluído nessa dinâmica. Agora, portanto, vamos entender como fazer isso falando sobre um dos fatores que fazem as pessoas desistirem de seus projetos. A "falta de tempo"!

O tempo – Produzir com Equilíbrio.

Quando se fala de *produtividade*, muitas pessoas relacionam esse tema, automaticamente, ao escalonamento de atividades numa planilha de Excel ou em qualquer outro aplicativo de gerenciamento de tempo. O que também é muito importante, pois faz parte de um planejamento efetivo do que se pretende conquistar, porém, produtividade, a meu ver, é mais do que isso!

Ser produtivo significa realizar as tarefas e compromissos que estão relacionados ao seu objetivo, bem como também relacionados a sua VIDA! Ou seja, produzir é a sensação de que no final do dia os seus papéis foram exercidos conforme planejado para aquele dia, semana, mês, ano ou vida. É uma sensação de MISSÃO CUMPRIDA!

Ao empreender muitas pessoas caem na armadilha de que, agora que abrirão um negócio ou lançarão seu produto *online* ou ainda escreverão um livro, as demais áreas da sua vida são deixadas de lado, ou seja, são negligenciadas. E esse comportamento, a médio ou longo prazo, traz muitos prejuízos nos aspectos FÍSICO, EMOCIONAL, PESSOAL e PROFISSIONAL! Isso mesmo! Até o próprio sonho de empreender corre riscos quando não temos as dimensões de nossas vidas devidamente atendidas. Chamo a isso de *equilíbrio*! A ideia de produzir e estar em equilíbrio pode te levar a outro patamar de realizações e não somente em seu negócio, mas em todos os aspectos de sua vida!

Um exemplo prático é imaginarmos: como seria você empreender sem nutrir o seu corpo com boa alimentação? Ou, enquanto você está focado em realizar o seu negócio e precisando elaborar estratégias para alavancar suas vendas, está preocupado por não conseguir dar atenção à família da forma como gostaria. Além disso acaba dormindo menos horas do que o ideal, impactando em sua *performance* no dia seguinte. Isso tudo pode ainda impactar em seu bem-estar emocional alterando o seu humor, sua disposição e ânimo. E como empreender nesse cenário? Ou ainda, como conquistar os seus sonhos de vida em meio a tanto desequilíbrio?

Nesse aspecto a proposta é de, ao iniciar um projeto, ao empreender, há alguém por trás disso tudo que precisa estar bem, que é VOCÊ! Você precisa, portanto, tomar alguns cuidados importantes e se preparar para as suas conquistas nessa jornada e a minha proposta aqui é de ajudá-lo nisso!

Como mencionei anteriormente, somos o resultado da união de alguns aspectos que precisam estar em máximo equilíbrio possível para que você possa, efetivamente, se tornar produtivo em todas as áreas da sua vida e então ter uma base concreta para iniciar, ou ainda, alavancar o seu negócio.

Talvez você ainda tenha dúvidas e esteja se perguntando: "Mas o que tem a ver, por exemplo, a minha alimentação com o meu negócio?"

Vale ressaltar que todos os aspectos das nossas vidas estão interligados! Inocente seria aquele ao imaginar que se não dormir bem à noite será um super-homem ou mulher-maravilha no dia seguinte. Ou aquele que pensa que trabalhando dia e noite sem ter tempo para a família não correria o risco de perdê-la! Muitos casamentos ou relacionamentos, em geral, são desfeitos por conta dessa falta de equilíbrio e atenção. O seu negócio é importante e muito! Mas as demais histórias da sua vida precisam e devem ter o mesmo peso para você, pois caso contrário o seu castelo tem grande possibilidade de ruir.

Então? Estamos juntos nessa?

Bom, já vimos que a clareza do que deseja é de extrema importância para concretude do seu negócio, porém, não é o bastante! Se deixarmos tudo no campo da nossa imaginação, acabamos por não detalhar os passos necessários e com isso ficamos perdidos e sem, nem ao menos, saber por onde começar a agir. Então, pegue todas as suas ideias e coloque, efetivamente, tudo no papel! Vamos fazer isso agora?!

Inicialmente, especifique os aspectos que irá explorar. Eu sugiro os mencionados anteriormente, que seriam as dimensões FÍSICA, EMOCIONAL, PESSOAL e PROFISSIONAL, porém, escolha de acordo com o que faz mais sentido para você. Inclusive você poderia considerar a dimensão ESPIRITUALIDADE, pois independentemente da religião alguns autores consideram este um aspecto extremamente importante para o nosso equilíbrio.

Após especificar as dimensões que irá desenvolver, em cada uma determine ações importantes que te levem ao equilíbrio e à efetiva produtividade. Ou seja, o que você acredita, deseja e gostaria de fazer para que estas dimensões em sua vida estejam em equilíbrio. Nesse momento coloque todas as ações que vierem em sua mente. Não se preocupe com a quantidade! É o momento de soltar a imaginação! Depois de tudo colocado no papel, você vai partir para a estratégia! Sim, pois é o momento em que tudo o que é importante para você está em jogo, incluindo o seu negócio, claro!

Depois de toda sua imaginação estar no papel a sua frente, escolha, *a priori*, três ações em cada aspecto da sua vida. Aquelas que te alavancariam para o estágio de equilíbrio e produtividade. Ou seja, com aquela sensação de missão cumprida de que falamos no início. Vale ressaltar que é muito importante essa análise ser realizada no momento em que estipulamos qualquer objetivo, sonho ou desejo, pois nos faz comandantes de nossas vidas!

Agora é colocar em prática o que você estipulou como ações iniciais e lembre-se de que esse compromisso não é comigo e sim com você mesmo!

Posso garantir que uma das coisas mais satisfatórias que sinto é quando realizo algo que me comprometo comigo mesmo. Sinto-me no comando e dona da minha própria história. E isso tem desdobramentos intermináveis de alegria, autoestima e autoconfiança.

O próximo passo em busca do equilíbrio e produtividade ao empreender é de termos ciência de nossas habilidades e de nossas limitações para essa jornada. Vamos falar um pouco sobre isso?

Luz e sombra

Saber o que desejamos e buscar o equilíbrio em todos os aspectos da vida para que possamos, efetivamente, produzir é algo que pede a nós algumas habilidades e competências. Essa informação chega até a assustar muita gente e é também nesse momento que muitas pessoas desistem por acreditarem não serem capazes de conquistar o que desejam. Porém tenho uma ótima notícia para você! Há sim possibilidade de desenvolvermos habilidades para conquistas de objetivos e realização de sonhos!

O que falamos até este momento nada mais é do que identificação e mudança de *mindset* para equilíbrio, produtividade e conquistas! E falar sobre habilidades para empreender não seria diferente! A forma de pensar, sentir e agir precisa estar bem ajustada para que o resultado saia, o mais próximo possível, do que planejamos. E talvez agora você esteja se perguntando: "E se não sair como planejei?" Eis um dos grandes desafios de um empreendedor!

Lembra-se, no início desta leitura, de que falei sobre pessoas que entram num processo de conquista acreditando estar num parque de diversão? O grande desafio é que muitas situações saem pouco diferentes ou muito diferentes do que planejamos.

Há muitas pessoas que têm dificuldade diante de desafios/imprevistos e medo do fracasso. Se algo sair errado se intitulam como incompetentes, se condenam para o resto de suas vidas e a partir daí ocorre uma série de chicotadas até conseguirem levar à morte todos os sonhos e conquistas que imaginaram naquele primeiro dia de suas jornadas como empreendedores.

Essas pessoas apresentam um *mindset* "fixo" como dito por Carol S. Dweck, PhD, em seu livro *"Mindset – A nova psicologia do sucesso"*, ou seja, um padrão de pensamento, sentimento e comportamento que as direcionam sempre para um lugar meio sem saída. Como se qualquer coisa que ocorresse fora do que consideram o ideal nada mais significa do que sua própria incompetência e atribuem o fracasso, que é totalmente inerente a qualquer processo, como um valor delas! Ou seja, a pessoa não acredita que, simplesmente, ocorreu um fracasso, um erro ou uma falha. Ela acredita ser o próprio fracasso e desiste de tudo!

Nesses momentos as pessoas que apresentam *mindset* fixo têm "morte súbita" diante de alguns imprevistos. Tudo vai bem enquanto essas pessoas ainda estão no "parque de diversão", mas quando a brincadeira começa a ficar séria e entrar no mundo dos adultos, se comportam como aquelas crianças que largam tudo que se propuseram a fazer e correm, totalmente amedrontadas, para algum lugar ou alguém que lhes proporcione segurança naquele momento. Ou seja, assim como uma criança que desiste de continuar na brincadeira, devido ao susto, alguns empreendedores desistem de tudo que sonharam conquistar porque a "brincadeira" ficou séria demais e se acham incapazes de enfrentar o "trem fantasma".

Portanto no processo de empreender é muito importante conhecer a si mesmo! Segundo Carl G. Jung – psicanalista e psiquiatra do século XIX -, todos nós temos como partes de nossa personalidade a **Luz** e a **Sombra**. A sombra corresponde às características que fazemos questão de esconder de nós e da sociedade. Deixando-as bem debaixo do tapete para "ninguém" ver, mas essas características que talvez você tente esconder a todo custo são parte de você e da sua história. E agora? O que você vai fazer com essa informação?

Enquanto tentamos a todo custo esconder a nossa *sombra*, por acreditar não sermos "adequados" às exigências do nosso ego e da sociedade, estamos perdendo a valorosa oportunidade de crescermos como pessoas e profissionais!

Se hoje você identifica, por exemplo, que é realmente desorganizado, aceite isso! Aceite, porém não no sentido de viver de forma desorganizada para todo o sempre tendo como respaldo que a desorganização faz parte do seu ser e que Jung poderia chancelar isso em seus escritos! Não! A proposta é de aceitar as características que você não considera como adequadas e, então, desenvolver habilidades que possam mudar esse cenário. Sabe o que acontece quando nos posicionamos dessa forma? Crescemos! Tornamo-nos mais conscientes de quem somos! Sabemos até onde não conseguimos, realmente, ir e o que podemos fazer para chegar até onde ainda podemos alcançar!

Quando empreendemos esse posicionamento é de suma importância, pois os riscos passam a ser calculados evitando maiores imprevistos, erros ou falhas na sua jornada. Então tome coragem agora e olhe nos olhos da sua *sombra*. Ela é sua! Encare-a e decida o que precisa ser feito para crescer e se desenvolver a fim de se tornar ainda melhor como pessoa, profissional e empreendedor.

Quanto a sua *luz*, segundo a linha junguiana, desta provavelmente você tem orgulho de mostrar ao mundo e não há nada errado nisso, porém, como a proposta aqui é de trabalharmos o seu *mindset* para se desenvolver, tome muito cuidado para não "estacionar", ou seja, estagnar, pois corre o risco de criar lodo... Então, mesmo que você já seja uma pessoa disciplinada, por exemplo, se mantenha sempre atento às possíveis distrações que permeiam qualquer processo de conquista que podem fazer você perder o foco, mesmo já tendo a habilidade da disciplina desenvolvida.

Para iniciar o desenvolvimento de habilidades analise, inicialmente, todo o seu processo de conquista e especifique quais habilidades são necessárias para que ele se concretize. Podem ser habilidades que você já tenha ou que ainda não tem desenvolvidas, mas especifique todas que considere importantes. Após essa análise verifique de 1 a 10 o "nível" em que cada uma delas se encontra hoje em sua vida. Daí você terá um cenário amplo das habilidades que precisa desenvolver e do que precisa ficar em alerta para manter.

Lembre-se de que nada é imutável, tudo muda a todo instante e por isso precisamos estar espertos e não inocentes nessa caminhada!

Conclusão

Para empreender é preciso, inicialmente, olhar para dentro de si buscando equilíbrio em sua vida, exercendo todos os papéis que lhe são valorosos, além do papel de empreendedor. Também esteja certo de que, além do equilíbrio e da produtividade, empreender é um processo que requer maturidade, resiliência, persistência, entre outros. E essas habilidades são possíveis de serem desenvolvidas!

Finalizando gostaria de lhe deixar as seguintes reflexões:

O que precisa estar em equilíbrio em sua vida hoje para você iniciar ou alavancar o seu negócio?

Quais as suas prioridades para que não passe o tempo ocupado, mas sim produzindo em direção ao que deseja?

Empreenda com equilíbrio, pois é uma forma eficaz de conquistas plenas e duradouras.

Até a próxima!

Mindset
do Empreendedor
6

Lívia Croce

Como o *mindfulness* influencia o comportamento do empreendedor?

Lívia Croce

Coach, analista comportamental e treinadora Mindfulness. Administradora de Empresas – Faculdade Machado Sobrinho. Especialista em Gestão Empresarial pela PUC – Minas Gerais. *Coach* pela Sociedade Brasileira de Coaching. Analista Comportamental pela Colabore. Atua como *coach* social na cidade de Bicas, com o apoio da Prefeitura, com técnicas de Coaching e Mindfulness. Já lecionou curso de liderança e perfil comportamental e ministrou palestras em vários locais.

(32) 98838-5355
www.liviacroce.com.br
coach@liviacroce.com.br
@liviacrocecoach

Mindset
do Empreendedor

1. Por que a análise comportamental e o *mindfulness* são importantes em nossas vidas?

Quando fiz a formação de *coach* percebi melhorias em mim, mas ainda havia algumas lacunas. Quando fiz minha análise comportamental percebi essas lacunas, mas ainda não sabia como preenchê-las. E busquei trabalhar o equilíbrio emocional identificando minhas emoções, estudando sobre a gestão das emoções, validando experiências e sentimentos.

Quando fiz *mindfulness* preenchi o restante das lacunas. Ao praticar, percebi que obtive mais tranquilidade em tomar decisões do que antes, melhorou meu nível de cansaço e estresse. Comecei a aplicar no meu grupo de Coaching e identifiquei que essas pessoas conseguiram também melhorar muito o seu nível de estresse, depressão e cansaço através da prática de libertadores de hábitos e das meditações no programa de oito semanas.

2. Entendendo o nosso cérebro

2.1 Quando temos uma reação, como nosso cérebro funciona?

A ínsula ou o córtex insular estão envolvidos no processo de reconhecimento da própria fisionomia, empatia, emoções básicas: nojo, raiva, surpresa, alegria, tristeza, medo e percepção dos componentes subjetivos das emoções. RESENDE; SILVA; OLIVEIRA; VALE (s.d.).

2.2 Como a amígdala influencia no seu comportamento?

Dentro do Coaching trabalha-se com a ferramenta de melhoria do "sequestro da amígdala" dentro de alguns cenários estressantes e achei de suma importância esse estudo.

A amígdala é a maior responsável pelas reações de luta e fuga, que é o nosso sistema nervoso autônomo.

Na amígdala existem duas vias: direta e indireta. A direta é aquela inconsciente, é rápida e ativa todo o meu sistema nervoso simpático que vai me preparar para lutar comigo e com o público ou então fugir. Então o sistema nervoso desencadeia todas as reações periféricas no meu corpo, como frio na barriga, sudorese...

Já a via indireta é quando a amígdala passa as informações para o córtex pré-frontal e onde é feita a análise dessas informações. Isso faz com que eu valide se treinei o suficiente para falar em público, se realmente preciso ter medo, e dessa forma consigo analisar toda a estratégia comportamental e se essa reação de alarme já pode ser desativada. RESENDE; SILVA; OLIVEIRA; VALE (s.d.).

A atenção plena permitirá que você reconheça situações desagradáveis, como falar em público, mas aprenda a lidar com elas de forma mais amena. Fará você enxergar com clareza que o sofrimento secundário é toda a turbulência emocional que se segue, como raiva e irritação, assim como os pensamentos e sentimentos subsequentes. Analisando se é possível permitir que a frustração esteja presente sem tentar expulsá-la. MARK; PENMAN (2015).

2.3 Qual a relação da meditação e prática de *mindfulness* no seu cérebro?

A prática do *mindfulness* faz exercitar a ínsula e a empatia.

MARK; PENMAN (2015) conduziram pesquisas científicas usando imagens cerebrais feitas por ressonância magnética em que se mostrou maior energização da ínsula por meio da meditação. Essa descoberta foi de extrema importância, porque essa parte do cérebro é essencial para a conexão humana, reforçando a empatia de forma profunda. A empatia nos permite penetrar na alma dos outros, entendendo melhor o sofrimento alheio. A meditação, além de fortalecer essa região cerebral, também ajuda a crescer e se expandir. MARK; PENMAN (2015).

3. Entendendo nosso comportamento pela Teoria DISC

Através de pesquisas o psicólogo norte-americano William Moulton Marston, no início dos anos 20, construiu o modelo DISC, que são as iniciais de D – dominante ou executor, I – influente ou comunicador, S - estável ou planejador, e C - conforme ou analista. DISC ORIGINAL (s.d.).

Essa metodologia é aplicada em ambientes corporativos como processo de recrutamento e seleção, treinamento e desenvolvimento, engenharia de equipes, gestão de conflitos, orientação profissional/carreira, em desenvolvimento de lideranças e Coaching.

Essa ferramenta também possibilita o autoconhecimento, trazendo resultados bastante eficazes, melhorando suas habilidades e tendo a possibilidade de analisar mais cuidadosamente seus pontos negativos e diminuindo sua autocobrança.

3.1 Sobre o teste de perfil comportamental DISC

Quando se analisa o Perfil Isolado, dentro do teste DISC, consegue-se verificar o perfil interno, como a pessoa realmente é e age nos ambientes familiares e profissionais, principalmente sob pressão. E também o que o meio externo está cobrando do seu comportamento e como a mesma pensa sobre seu desempenho.

Consegue-se isso através de um gráfico em que a distância entre o perfil interno e o meio externo apontam o quanto a pessoa está adequada ao meio profissional.

Assim, também, consegue-se identificar a tendência de entrega profissional nesse gráfico utilizado no teste DISC.

Quando esse indivíduo se encontra em situações de pressão, age de acordo com seu perfil interno. Essa também é a forma de atuação da pessoa em ambientes familiares/fora do trabalho.

No trabalho, o profissional tende a assumir um perfil intermediário entre os perfis interno e externo. SOLIDES (2016).

Quanto ao Estilo de Liderança, no gráfico, quanto mais próximo o meio externo estiver do perfil interno, maior é a adequação do profissional à função que ele está exercendo.

E quanto maior é a distância, maior é o sentimento de inadequação ou sentimento de necessidade de mudanças. SOLIDES (2016).

Existem dois tipos de tomadas de decisão. IBC (s.d). São elas:

a) **Decisões racionais:** de pessoas lógicas, que não consideram a reação das pessoas em suas decisões ou têm dificuldade em compreender suas reações; usualmente não são receptivas ou influenciadas por pessoas e pelos sentimentos ou emoção. Tomam decisões baseadas em fatores racionais e argumentos lógicos.

b) **Decisões emocionais:** de pessoas que vão mais pela intuição, são mais emocionais e mais influenciadas pelas pessoas. Tomam decisões baseadas em argumentos mais subjetivos ou emocionais.

3.2 Quais os impactos na vida pessoal e nos negócios?

O conteúdo desse relatório dá condições de o empreendedor/líder conduzir seu trabalho de acordo com o seu perfil, mapeando seus pontos fortes e de melhoria, adequando-se ao meio para que possa estar competitivo mediante o mercado de trabalho. Aliado ao *mindfulness*, quando as linhas do gráfico estão muito díspares, fará com que o programa o auxilie em não expulsar essa disparidade, mas aceitar que esse momento está presente em seu negócio e assim conseguir avaliar formas sensatas de como se adequar ao meio.

Com certeza a junção dessas duas técnicas trará benefícios excepcionais em todos os aspectos em sua vida, porque não somos robôs e mecanizados 1 - no meio corporativo, 2 - com os amigos/ *hobbies* e 3 - em casa/ família. Somos a junção disso tudo.

4. *Mindfulness*

4.1 Técnica meditativa para momentos estressores como os de decisões rápidas

O **Espaço de Respiração de três minutos.** Essa técnica foi criada para lidar com situações como: esgotamentos, raiva, estresse ou pressão. É uma "minimeditação" que é considerada uma grande âncora auxiliadora das exigências da vida diária. Várias pessoas afirmam que esta é a prática mais importante do programa de atenção plena. MARK; PENMAN (2015).

Seu impacto é duplo: em primeiro lugar, é uma meditação para ser feita ao longo do dia. Em essência, ela dissolve os padrões de pensamentos negativos antes que eles assumam o controle de sua vida. Em segundo lugar, é uma meditação de emergência que lhe permite enxergar claramente as sensações que surgem quando você está sob pressão, ajudando-o a recuperar a perspectiva e se ancorar no momento presente. MARK; PENMAN (2015, p. 81).

Perfis que agem pela razão e são mais rápidos vão acreditar que a meditação é mais uma perda de tempo em seu dia a dia, mas não é. Dentro de estudos comprovados por essa técnica por MARK; PENMAN (2015), uma *workaholic* ao se deparar com o *mindfulness* fez com que percebesse que o trabalho que antes era um grande prazer se tornou uma prisão. Ela percebeu que se irritava quando enviava *e-mail* a alguém e não era respondida, vivia se perguntando o que essas pessoas faziam que não estavam em sua mesa como ela trabalhando para responderem seus *e-mails*.

Surpreendentemente, aprendeu a driblar seu tempo e justamente nesses períodos é que ela ia usando as técnicas de *mindfulness*, como: no café, ao terminar o trabalho, fechando seu computador e organizando sua agenda para o dia seguinte ao invés de ficar na expectativa de responder aos últimos *e-mails*. Curioso e significativo esse exemplo, porque ela ainda dizia que mesmo nos dias de caos conseguia tirar ao menos o tempo da respiração de três minutos.

Sabe por quê? Porque o *mindfulness* não é só meditação, é uma terapia cognitiva comportamental de atenção plena, faz você maximizar seus horários. Com os liberadores de hábitos, você sai do modo atuante, que é o piloto automático, e passa para o modo existente, em que você consegue perceber que está escovando os dentes, lavando suas mãos sem que seus pensamentos flutuem. Ou seja, viver o modo existente é conseguir ter mais tempo para fazer todas as coisas que precisa.

Cada vez que a autocrítica começa a falar, logo começamos a enfeitar a história: percorremos nossa mente em busca de indícios que a comprovem e ignoramos tudo o que a refuta (os fatos reais). Por isso o *mindfulness* é cientificamente comprovado como um método de melhoria de felicidade e diminuição de depressão em níveis controlados e mais brandos. MARK; PENMAN (2015).

Conscientizar-se de que esses pensamentos são sintomas de estresse e não fatos reais permite que você se liberte deles. E isso lhe dá espaço para decidir se vai ou não os levar a sério.

4.2 *Mindfulness* X tomada de decisões

De acordo com a pesquisa de Vergílio; Vanalle (2005, 152), os perfis dos executivos prevaleciam nos seguintes percentuais:

- 37% Dominantes
- 27,5% Influentes
- 13,5% Estáveis
- 22% Conformes

Essa pesquisa foi realizada com base nos dados levantados por uma empresa de consultoria, localizada no interior do Estado de São Paulo, com 200 executivos, escolhidos aleatoriamente no banco de dados da mesma, pertencentes a empresas de diversos segmentos do mercado de trabalho, com diferentes funções e níveis hierárquicos variados. VERGÍLIO; VANALLE (2005).

Através dela verificou-se que os perfis de seus colaboradores são mais voltados para os perfis executor e comunicador, o que condiz com as minhas aplicações realizadas em gestores.

Normalmente, esses perfis, de acordo com o DISC, têm respostas rápidas para as situações, o que pode fazer com que deixem de ponderar alguns dados. Ele pode optar por ser assessorado por profissionais que o ajudem a analisar outros fatores que não são comuns ao seu perfil.

Há perfis que tomam decisão por razão (coisas) ou por emoção (pessoas) e com a prática do *mindfulness* vem o equilíbrio. Essa prática, através de programas libertadores de hábitos como: atenção ao caminhar, ao lavar vasilhas ou cozinhar, que aguça olfato, tato, visão, paladar e audição, ao fazer um relatório, ao montar uma planilha de Excel, dentre outros.

No meu trabalho tenho que praticar a atenção plena durante o atendimento com o *coachee*, escutando, sentindo e percebendo o momento presente para poder desafiá-lo a novos resultados e percepções.

Ao meditar, quando tentar lutar para que esses pensamentos saiam de nossa mente, você pode nomeá-los como: pensamentos negativos, pensamentos do passado etc., o que ajuda a chegar na oitava semana do programa de *mindfulness* com uma meditação de maior qualidade.

Mindfulness com o teste DISC possibilitará uma análise crítica de si mesmo e ao mesmo tempo desenvolver a empatia, melhorar as relações interpessoais e a análise crítica das decisões. Dessa forma, as duas técnicas juntas vão ajudar com certeza de uma forma positiva, construtiva e consolidada nas decisões e nos resultados de seus empreendimentos assim como na vida pessoal.

Atividade extra

Teste de atividades revigorantes e desgastantes

Primeiro, percorra mentalmente suas diferentes tarefas de um dia típico. Se quiser, feche os olhos. Decomponha as atividades em partes menores, como falar com colegas, preparar o café, escrever textos, almoçar.

Agora anote tudo, listando de 10 a 15 atividades de um dia típico na coluna no lado esquerdo da página. MARK; PENMAN (2015, p. 125).

Marque **REVIGORANTE (R)**:

Das coisas que você anotou, quais o revigoram? O que levanta seu astral, energiza você, faz com que se sinta calmo e centrado? O que aumenta sua sensação de estar vivo e presente?

Marque **DESGASTANTES (D)**:

Das coisas que você anotou, quais o esgotam? O que o derruba, drena sua energia, faz com que se sinta tenso e vazio? O que reduz sua sensação de estar vivo e presente, o que faz você sentir que está meramente existindo?

O equilíbrio não precisa ser perfeito, já que uma atividade revigorante que você adora pode facilmente sobrepujar qualquer número de atividades esgotantes. Você pode escolher um longo banho de banheira, ler um livro, sair para um breve passeio ou entregar-se ao seu *hobby*. MARK; PENMAN (2015).

Atividades que você faz num dia típico	R/D

Se você observar que sua lista está com mais atividades que te exaurem, com certeza o *mindfulness* é para você!

REFERÊNCIAS BIBLIOGRÁFICAS

DISCORIGINAL. História do DISC. Disponível em: <http://www.disc-original.com.br/historia>. Acesso em: jun 2017. São Paulo, [s.d.]

IBC. Apresentacao-Assessment-Wanessa-4.6.1. Disponível em: <http://webcache.googleusercontent.com/search?q=cache:A5RcgFPhmYUJ:media.ibccoaching.com.br/materiais-assessment/Apresentacao-Assessment-Wanessa-4.6.1.pptx+&cd=1&hl=pt-BR&ct=clnk&gl=br> Acesso em: mai 2017 [s.d.]

MACHADO, A. B. M. **Neuroanatomia Funcional**. 3. ed. São Paulo, 2014.

REZENDE, A. B.; SILVA, C. a. P.; OLIVEIRA, A. G. F.; VALE, T. C. et al. **Anatomia do Telencéfalo**. Departamento de Anatomia do Instituto de Ciências Biológicas da UFJF. Juiz de Fora, [s.d.]

REZENDE, A. B.; SILVA, C. E. a. P.; OLIVEIRA, A. G. F.; VALE, T. C. et al. **Anatomia do Diencéfalo**. Departamento de Anatomia do Instituto de Ciências Biológicas da UFJF. Juiz de Fora, [s.d.]

REZENDE, A. B.; SILVA, C. E. a. P.; OLIVEIRA, A. G. F.; VALE, T. C. et al. **Das Áreas Encefálicas Relacionadas com as Emoções e Memória**. Departamento de Anatomia do Instituto de Ciências Biológicas da UFJF. Juiz de Fora, [s.d.]

SOLIDES. **Relatório DISC para o processo de Coaching**. Disponível em: https://issuu.com/solidesltda/docs/ficticio. Jul 12, 2016. Acesso em: jun 2017. Belo Horizonte

SOLIDES. Relatório DISCProfiler de Lívia Terezinha Croce. Disponível em: http://www.solides.adm.br. 03 ago 2016

VERGÍLIO, M. E.; VANALLE, R. Maria. **Perfil comportamental do executivo: um estudo exploratório**. Acesso em: mai 2017. Disponível em: http://www.gepros.feb.unesp.br/index.php/gepros/article/viewFile/96/74. São Paulo: 2005.

WILLIAMS, M.; PENMAN, D. **Atenção Plena Mindfulness**: como encontrar a paz em um mundo frenético [Ivo Korytowski]. Rio de Janeiro: Sextante, 2015.

Mindset
do Empreendedor
7

Helena Raimundo

A ansiedade do empreendedor

Helena Raimundo

Psicóloga e *coach* de Saúde Integral. Especialista em Psicologia Clínica: Hipnose Clínica de Milton Erickson e Psicologia Analítica de Carl A. Jung, Análise Transacional com Roberto Shinyashiki. Treinamento e Desenvolvimento de Pessoal pelo Senac. Criadora do Programa Gerenciamento da Saúde Emocional: Grupo Coaching Terapêutico *online*. Atendimento psicoterápico há mais de 25 anos, elaboração de laudos para cirurgia bariátrica, esterilização masculina e feminina, psicodiagnóstico, acompanhamento de mulher ou casal grávido, Treinamento e Desenvolvimento pessoal e profissional a profissionais da saúde, e Coaching Terapêutico há dois anos com *cases* de sucesso. Atendimento presencial (São Paulo/SP) e *online*. Membro da Sociedade Brasileira de Coaching. Membro da Sociedade Brasileira de Resiliência (Sobrare).

contato@helenacoach.com.br
www.helenacoach.com.br

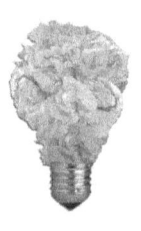

Mindset
do Empreendedor

Você acredita que a ansiedade é o carro-chefe do empreendedor? Se você concorda ou se você discorda dessa pergunta afirmativa leia este capítulo, ele foi escrito para você. Para você que quer empreender, mas sua ansiedade não o deixa prosseguir; suas ideias não saem do papel, você quer empreender, mas não sabe em quê, para quê, para quem, nem o porquê, para você que está absorvido com tantos pensamentos emaranhados e tantas e tantas vezes já acordou de madrugada ou ficou horas com aquela insônia desconfortável ou com a mente totalmente acordada na hora de dormir.

Este capítulo é para você!

Há exatos seis meses me tornei empreendedora com um programa *online* – **Gerenciamento da Saúde Emocional**. Abri meu negócio e os planos de que seja perpétuo. Foi mais rápido que a gestação, porém mais difícil no planejamento, nas decisões e os picos de ansiedade.

Mas, acalme-se. A ansiedade é sim o carro-chefe do empreendedorismo. Fazer as pazes com essa tal ansiedade (pré-ocupação) que na medida certa nos mantém firmes, focados com ações e pensamentos positivos nos trabalhos idealizados, faz-se necessário.

Comecemos por lembrar que o ser humano tem sua primeira atitude empreendedora quando chega a termo, tendo que deixar o seu berço aconchegante, seguro, estável dos seus nove meses de vida no ventre materno, veste-se de uma coragem instintiva, quiçá, consciente, ao mesmo tempo que estupenda, para abrir o seu caminho "independente" para a vida, e NASCE.

Gene empreendedor, existe?

Uma pesquisa realizada na Universidade de Princeton, nos Estados Unidos, que alvoroçou a mente daqueles que estavam no caminho do empreendedorismo trouxe os seguintes resultados:

- O resultado da experiência ameaçadora do sucesso para muitos foi que apenas de 3 a 4% das pessoas nascem com o gene empreendedor, o NR2B[1]. Portanto, 96% das pessoas não têm esse gene precursor. E você pode estar se perguntando:

"Então todos que iniciam seus negócios e chegam ao sucesso são os que nasceram com esse tal NR2B?"

"Será o empreendedor de sucesso destinado a poucas pessoas privilegiadas desde o seu nascimento?"

"Não", é a resposta. Espalhados por todo o planeta Terra tem muito mais empreendedores de sucesso do que esses três a quatro por cento da pesquisa. Importante saber agora que quem não nasceu com o DNA empreendedor (NR2B) pode perfeitamente desenvolver características empreendedoras, e isto também foi comprovado na mesma pesquisa. Afinal, empreender é um processo de evolução contínua que começa no início da vida, como falei, e não para jamais. Todos, sem exceção, podemos desenvolver a capacidade de pensar, criar, inovar e gerar um NOVO *mindset*.

Uma frase de Mahatma Gandhi pode completar esse raciocínio: "Um homem é o produto dos seus pensamentos. O que ele pensa ele se torna". Você já tinha pensado nisso?

Quando conheci o segundo resultado da pesquisa, logo tratei de me incluir entre os 96 guerreiros na batalha do empreender, uma vez que não iria mesmo fazer teste de DNA, buscando força para empreender. Na verdade, ter o NR2B nada garante se a pessoa não tiver nenhuma ação para realizar o que deseja.

---

[1] NR2B Em um teste de laboratório na Universidade de Princeton, nos Estados Unidos, os camundongos que tinham o gene NR2B duplicado acharam a saída de um labirinto muito mais rápido do que os animais sem a presença deles.

Mudanças na evolução, uma característica humana

Para um retrospecto mais amplo ainda, convido você a refletir sobre a maneira dos empreendedores do século passado (XX) e do atual século (XXI). Você vai concordar comigo que houve uma mudança fenomenal de paradigma. Vamos lá.

As mudanças relevantes para o tema deste capítulo – ansiedade do empreendedor. Estou falando das mudanças que vão muito além do desenvolvimento tecnológico nas mais diversas áreas que "servem" ao ser humano, aos animais e a todas as coisas que estão sobre a Terra em suas necessidades físicas, emocionais, sociais, espirituais. A Física Quântica está aí pra mostrar a quem quiser ver e sentir exemplos claros desses avanços tantos tecnológicos como no reconhecimento de que um novo Homem mais conectado, mais vibrante está nascendo e tomando um novo lugar, o seu lugar, no universo!

Na prática, vemos na área da saúde, nas indústrias, na farmacêutica, laboratorial, da comunicação digital, a tecnologia de informação, tudo crescendo dia a dia. O tempo desse advento passou. Estamos em plena era digital tecnologicamente e humanamente falando. O homem foi criado para obter um desenvolvimento pleno, com luz própria. Todas essas mudanças vieram e vêm afetando não só o funcionamento estatal de países dos cinco continentes de diferentes formas e ritmos, mas, e principalmente, a organização humana. Entre bilhões e bilhões de espécies, o homem é o único que pode ser o protagonista da própria história. O ser humano sente, na pele, a necessidade de mudar seu modo de pensar, de agir e interagir, de incorporar conhecimentos, de inovar formas de se comunicar. Isso porque há uma interferência maciça na forma de pensar, interagir consigo mesmo, com outras pessoas, com sua comunidade no micro ou macrocosmo e de gerar "riqueza" que se faz presente por todos os cantos.

O que antes prezava a vantagem competitiva hoje preza a vantagem cooperativa.

Antes existia uma aversão a correr riscos, hoje se eleva a necessidade de agir mesmo enfrentando riscos.

Mahatma Gandhi nos falou também disso: "Nunca sabemos que resultados teremos de nossas ações, mas se nada fizermos que resultado teremos?" O que trago está nos livros, nos bancos das escolas, transformou meu *mindset* e pode transformar o seu também.

"Você está preparado para empreender colocando seus sonhos, seus pensamentos inovadores a serviço do outro e ainda se beneficiar deles?"

Ser empreendedor exige decisões a todo instante, exige persistência, competência, habilidades desenvolvidas no preparo, na implantação, na continuidade do seu negócio. Altruísmo para oferecer ao outro o que realmente ele precisa, egoísmo suficiente para manter-se saudável sobre todos os aspectos e assim poder ajudá-lo.

Como está sua saúde? No final deste capítulo poderá descobrir.

Compreendendo a ansiedade

De vários livros consultados sintetizei uma definição do que é: a **Ansiedade** é um estado psíquico de apreensão ou medo provocado pela antecipação de uma situação desagradável, desafiadora ou perigosa. Tais situações podem ser reais no mundo físico ou no nível dos pensamentos.

A palavra ansiedade vem do latim (*anxius*) e significa angústia. Podemos compreendê-la melhor como uma força motivadora para um objetivo específico, que constitui um conjunto complexo de emoções, cujo núcleo é o MEDO. O objeto da ansiedade do empreendedor é inespecífico, podendo ser conhecido ou não. O objeto do medo, na essência da palavra (sentir-se em estado de insegurança perante uma ameaça), é específico, embora o perigo ameaçador nem sempre corresponda à realidade. O medo indefinido, próprio da ansiedade, faz parte do mundo do *business*, o mundo dos negócios.

Ser empreendedor é viver numa corda bamba num desafio constante, é manter-se em pé, descobrindo forças para se levantar das prováveis quedas da jornada. Faz-se necessário saber cair para poder levantar-se e continuar caminhando.

Afinal, ser empreendedor é arriscar-se, é enfrentar dificuldades, e saber recomeçar se preciso for, é ter ideias novas e colocá-las em ação.

A pessoa no estado emocional angustiante, na maioria das vezes, sente o aperto no coração, um sufoco dentro de si mesmo, o coração acelerado. Esse estado emocional de pressão e tensão leva-o a ter alterações físicas e, nesse caso, o sistema dopaminérgico (1) começa a dar respostas ao organismo diante de situações dramáticas ou perigosas. E o mapa mental fica à mercê das situações e sofre modificações, concomitantemente. Se essa característica inerente ao indivíduo alcança um nível que foge ao controle, se escapa do nível consciente, perdendo o controle do Ego, pode caminhar para uma ansiedade patológica.

Sintomas comuns da ansiedade alterada

Resumidamente os sintomas mais comuns da ansiedade alterada são: preocupação excessiva e contínua, insônia, ganho ou perda de peso acentuado, memória e concentração prejudicados, medos irracionais, tensão muscular, irritabilidade, alteração cardíaca e respiratória, e uma síndrome de pânico, de diferentes graus.

Alguns tipos de ansiedade são mais comuns de serem encontrados, como o transtorno de ansiedade generalizada (TAG), Síndrome do Pensamento Acelerado (SAP), descoberta e fundamentada pelo psiquiatra Augusto Cury.

Entretanto, a ansiedade que mora no nosso coração é salutar e nos ajuda a manter foco naquilo que queremos. Mas, fora do nível, este estado de tensão provocado pela senhora ansiedade deixa de ser propulsor e passa a ser destruidor da saúde, da motivação, da lucidez, da conexão com suas forças, com suas potencialidades.

Uma pausa aqui se faz necessária:

Se você, empreendedor, está diante de uma situação dramática ou perigosa, está em meio a uma situação em que, como diz o dito popular, "se correr o bicho pega, se ficar o bicho come", você corre ou fica estagnado de tanto medo?

Se sua resposta for sim a qualquer uma das duas alternativas você está correndo o risco de adoecer. A ansiedade fora do controle não ajuda em nada, muito pelo contrário, acaba com a sua saúde, daí a importância de o empreendedor manter em nível adequado a sua companheira, a senhora ansiedade.

É comum o empreendedor novato entrar em situações obscuras que parecem insolucionáveis e que tiram o seu equilíbrio emocional. Isso pode acontecer também com empreendedores mais experientes na função, se não tiverem aprendido a controlar a emoção da ansiedade dentro de si mesmos, neste caso o organismo dá o seu alarme.

Vamos a alguns exemplos de alarmes cuja origem é o desequilíbrio emocional da ansiedade. Compreender essa dinâmica do seu corpo é um benefício sem igual para você mesmo e para o seu negócio. Quanto melhor compreendida e quanto antes for acolhida, para que seja tratada ou solucionada sua psicodinâmica, mais saudável seu corpo e seu negócio se tornarão.

Elucidando com alguns exemplos de alarmes físicos:

- **Distúrbios do aparelho gastrointestinal.** As gastrites e diarreias que surgem do nada, sem precedentes aparentes, mas com um olhar profundo atrás dos bastidores do ego consciente subjazem os motivos inconscientes.

- **Infecções do aparelho respiratório**, aquelas que são tão comuns nas crianças, devido a sua imaturidade física e emocional, também podem aparecer no adulto quando situações estressantes surgem na sua vida.

- **Rotinas modificadas.**

Alguns hábitos comuns da própria vida podem ser alterados, trazendo consequências desfavoráveis no decorrer dos dias em curto, médio ou longo prazo, por exemplo, na alimentação, no sono, na frequência de atividades físicas, de lazer, entre outras. Qualquer uma delas ou várias dessas alterações podem acometer indivíduos com a ansiedade fora do prumo. O dr. Augusto Cury fala e persiste na ideia de que a ansiedade é o mal do século. Eu concordo com ele em grande parte, porque atrás de tantas doenças físicas está a senhorita, a senhora ou anciã ansiedade.

Possíveis tratamentos

A palavra tratamento nos remete a remédios, consultas, acompanhamento médico. Em se tratando da ansiedade a tríade Medicina, Psicologia, indivíduo é o pilar para a recuperação da saúde emocional. O poder de tornar-se melhor, de se abrir para a melhora e cura, de confiar na ajuda de fora, através dos profissionais da saúde, constitui condição *sine qua non*, ou seja, indispensável no tratamento da ansiedade patológica.

O empreendedor que busca manter-se saudável em sua vida, seja pessoal ou profissional, precisa ter condutas, atitudes, pensamentos e ações positivos e prósperos perante a forma de lidar com as suas próprias emoções e também com as do outro. Na sequência, você encontrará algumas sugestões que poderão ser úteis no controle da sua ansiedade.

Manter:
- Autoconhecimento
- Autorreconhecimento
- Autoestima
- Autoconfiança
- Automotivação
- Exercícios físicos e relaxamento, rotineiramente
- O cuidado com a própria saúde e daqueles que estão sob sua guarda
- Um tempo do seu dia só para você
- Desenvolvimento e manutenção de hábitos positivos e saudáveis
- Constância de pensamentos positivos, prósperos, salutares, propositadamente.

Procurar o desenvolvimento da alta *performance* como líder através de:
- Empatia
- Compaixão
- Cultivo de parceria e amizades positivas
- Evolução pessoal e profissional contínua.

Desenvolver e aprimorar qualidades de empreendedor:
- Aprender a antecipar e prever riscos
- Aprender a lidar com incertezas
- Aprender a lidar com a complexidade, em geral
- Aprender a ter olhar crítico sem, entretanto, menosprezar ambiguidades.

Encerrando meu texto, expresso minha gratidão a você, leitor, e aos pacientes/clientes que me oportunizaram aprendizado, sabedoria e ricas experiências para escrever este capítulo ANSIEDADE DO EMPREENDEDOR.

Viva o conhecimento, transforme-se!

REFERÊNCIAS BIBLIOGRÁFICAS

ANASTASI, A. (1975). **Testes Psicológicos: teoria e aplicação.** (D. M. Leite, Trad.). São Paulo, SP: Universidade de São Paulo.

HAY, L. L. (1984). **Você pode curar sua vida** (23a Edição ed.). São Paulo, SP: Best Seller.

KAPLAN, H. I., & SADOCK, B. J. (1998). **Manual de psiquiatria clínica** (2. ed.). Porto Alegre: Artes Médicas.

LÓPES, E. M. (2003). **Quatro gigantes da alma**. (C. d. Lima, Trad.). Rio de Janeiro: José Olympio.

JUNG, c.g. et alii. 9. ed. **O Homem e seus Símbolos**. Ed. Nova Fronteira.

CURY, A. 1. ed. **Gestão da Emoção**. São Paulo, SP: Ed. Benvirá.

Filme Disney Infinity. **Procurando Dory**. 1999.

Link de consulta: https://www.youtube.com/watch?v=g7OqdZ5xxUQ

A leitura que você acaba de fazer não é de um compêndio, não é um manual, não leva a conclusões idênticas pelos possíveis leitores deste livro, mas uma atenção verdadeira poderá ajudar pessoas interessadas, em sua evolução pessoal/profissional, como dono do próprio negócio.

Coloco aqui um exercício prático que vai ajudá-lo a descobrir como anda sua **ANSIEDADE**.

Teste prático de ansiedade

Seja honesto em suas respostas. Leia as questões/perguntas na sequência iniciando pela de número 1.

Leia cada questão e as respectivas alternativas para depois, e **imediatamente**, assinalar aquela que melhor corresponda a sua realidade.

Importante esclarecer, ainda, que o objetivo deste teste, prezado leitor, é levá-lo à reflexão de como anda o seu autoconhecimento em relação ao nível de ansiedade. A nota, extraída no final, é o que menos importa, embora deva ser considerada.

A **nota 4 significa** que você age **MUITO** de acordo com o que a afirmação diz, ou seja, você se identifica e faz aquilo.

A **nota 0** significa que você **QUASE NUNCA ou NUNCA age da forma que a afirmação diz.**

Em uma escala de 0 a 4, o quão verdadeiras são as afirmações abaixo para você:

1- Quando uma pessoa me pede para explicar algo, e eu não sei, fico ansiosa.
( ) 0   ( ) 1   ( ) 2   ( ) 3   ( ) 4

2- Ao dizer para uma pessoa um NÃO SEI, posso procurar saber e depois te explico, é difícil.
( ) 0   ( ) 1   ( ) 2   ( ) 3   ( ) 4

3- Em um ambiente novo onde não conheço ninguém, fico à vontade e logo faço contato.
( ) 0   ( ) 1   ( ) 2   ( ) 3   ( ) 4

4- Tenho facilidade para puxar conversa e logo desencadeio um papo.
( ) 0   ( ) 1   ( ) 2   ( ) 3   ( ) 4

5- Quando estou em meio a um ambiente hostil, tremo nas bases.
( ) 0   ( ) 1   ( ) 2   ( ) 3   ( ) 4

6- No ambiente familiar não consigo me descontrair, pois sempre estou ocupado com algum trabalho a terminar.
( ) 0   ( ) 1   ( ) 2   ( ) 3   ( ) 4

7- No ambiente de trabalho sempre consigo expressar meus sentimentos com todas as pessoas.
( ) 0   ( ) 1   ( ) 2   ( ) 3   ( ) 4

8- Mesmo quando alguém tem uma opinião contrária à minha, consigo ouvir sem alterar minha emoção.
( ) 0   ( ) 1   ( ) 2   ( ) 3   ( ) 4

9- A opinião das pessoas a meu respeito não muda meu estado emocional.

( ) 0   ( ) 1   ( ) 2   ( ) 3   ( ) 4

10- Consigo manter o equilíbrio entre o trabalho, família e lazer.

( ) 0   ( ) 1   ( ) 2   ( ) 3   ( ) 4

Cálculo:

Some agora todos os pontos que deu para cada afirmação, sendo que 40 é a nota máxima.

Divida o resultado da sua pontuação por 40 e multiplique o resultado por 100 para ter sua nota percentual.

Exemplo: vamos supor que você respondeu a todas as perguntas e somou um total de 16 pontos. Então, 16/40 = 0,4 x 100 = 40%.

Veja os resultados:

Até 30%
Você tem equilíbrio da sua ansiedade.

De 31% a 51%
A ansiedade equilibrada com alguma preocupação em foco.

De 52% a 70%
Requer atenção.

De 71% a 80%
Cuidado: observar algum sintoma de ansiedade alterada.

De 81% a 100%
Atenção: transtorno da ansiedade a vista.

Anotações

Mindset
do Empreendedor
8

Graciete Corrêa

Planejamento e gestão no empreendedorismo

Graciete Corrêa

Administradora e bacharel em Psicologia, MBA em Gestão Estratégica de Pessoas e MBA em Gestão Empresarial, ambas pela Fundação Getúlio Vargas. Formação em Professional, Mentoring e Coaching pelo Instituto HOLOS; em Personal e Professional pela SBC; em Executive e Business Coaching pela SBC; em Positive Coaching pela SBC. Practitioner PNL. Mais de 30 anos de sólida carreira executiva na área de Gestão de Pessoas, Controladoria e Administração Geral em empresas de grande porte nacionais e multinacionais. Como consultora de RH e *coach* de Executivos e de Negócios, ajuda empresas e empreendedores a potencializar seus resultados.

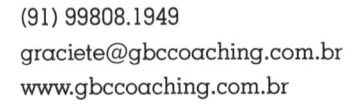

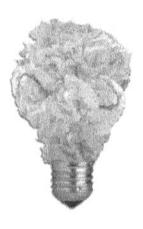

(91) 99808.1949
graciete@gbccoaching.com.br
www.gbccoaching.com.br

Mindset
do Empreendedor

O canto da sereia

Nos últimos dois anos, tenho me dedicado ao estudo do universo do empreendedorismo e este tem sido o meu assunto preferido nos encontros com amigos e familiares. Um dia, em um desses encontros, ouvi o seguinte desabafo de um amigo: "Caí no canto da sereia! Acreditei que ao abrir o próprio negócio eu teria qualidade de vida e poucas horas de trabalho. E hoje trabalho muito mais do que antes, me preocupo 24 horas por dia e parece que não saio do lugar. Penso em desistir!" Eu perguntei a ele: "Mas, você sabe aonde quer chegar?" "Você planeja suas ações?" "Possui metas estabelecidas de curto, médio e longo prazo?" E para minha surpresa a resposta a todas as perguntas foi: "Não exatamente!" E pensei: aí está o problema, ele não tem direção.

Uma pesquisa sobre o perfil do empreendedor brasileiro, divulgada em 2016, pela empresa Global Entrepreneurship Monitor, destaca que a motivação para abrir um novo negócio nasce por dois fatores, por **necessidade** ou **oportunidade**. O empreendedor motivado pela necessidade é aquele que decide empreender por não possuir boas alternativas de emprego. E abrir o próprio negócio é visto como uma opção de renda e sustento da família. Enquanto o empreendedor motivado pela oportunidade é aquele que visualiza uma expectativa de sucesso em um negócio e quer aproveitá-la. Situação bem comum entre os profissionais liberais, ex-executivos com *expertise* em determinada área de conhecimento ou mesmo entre os que simplesmente desejam empreender. Alguns desses novos empreendedores iniciam seus empreendimentos com pouco ou nenhum conhecimento desse universo empresarial, contam apenas com o entusiasmo de ter um negócio. Provalmente esse tenha sido o cenário que meu amigo chamou de **"o canto da sereia"**.

Assumindo a autorresponsabilidade

Independentemente de qual tenha sido a sua motivação, se por necessidade ou por oportunidade, o que importa é se você tomou a decisão de empreender de forma consciente. Se você tem clareza de que empreender envolve autorresponsabilidade e comprometimento com o seu sucesso. Então, agora pense e me responda: **"A sua decisão de empreender foi consciente ou você foi envolvido pelo canto da sereia?"**

"Se você concluiu que está pronto para assumir a responsabilidade de seu negócio, que tal materializar este compromisso? Peque uma folha de papel A4 e na parte superior e central de da folha escreva a sua declaração de compromisso. Depois assine, date e deixe a folha em um lugar visível, de forma que você possa sempre se lembrar deste compromisso, especialmente naqueles dias em que o desafio parecer muito grande.

"DECLARAÇÃO DE COMPROMISSO".

"Eu, _____, assumo a total responsabilidade da gestão e do sucesso do meu negócio de _____, a partir desta data. E nenhum desafio será maior do que a minha vontade e energia de vencer. Eu quero, eu posso e eu vencerei!"

Planejar é preciso

Parabéns! Você já deu o primeiro passo, agora você precisa planejar as suas ações. Mas você sabia que as rotinas que envolvem o dia a dia da empresa se mal geridas podem se transformar em verdadeiras armadilhas para o empreendedor? Inclusive afastá-lo do seu propósito maior, que é fazer o negócio crescer e prosperar? E que tudo isso pode ser evitado com um bom planejamento e um plano de execução eficaz? Pois é, minha intenção aqui é ajudá-lo nesse processo.

Apresentarei a você algumas ferramentas de gestão que gosto muito, pela facilidade e praticidade de sua aplicabilidade, para que você possa aplicá-las de imediato no seu negócio sem complicações e sem custo. Eu tenho certeza que se você seguir as orientações descritas detalhadamente estará dando um grande passo para a sustentabilidade do seu negócio. Agora, pense e responda: "Qual é a sua definição de planejamento?"

A melhor definição que conheço é a que explica planejamento como "um processo dinâmico e sistemático de pensar antes de agir". Planejar ajuda muito no processo de definição de metas a curto, médio ou longo prazo. Planejar ajuda na avaliação dos riscos de cada tomada de decisão ou ação, reduzindo ao máximo o impacto das intercorrências. Minha proposta é ajudar você a elaborar o planejamento da sua empresa de forma simples e prática, seguindo quatro etapas: 1ª etapa - Mapeando o negócio; 2ª etapa - Desenhando o futuro; 3ª etapa - Construindo o futuro; 4ª etapa - Alinhando a rota. Vamos começar?

1ª ETAPA: Mapeando o negócio

O primeiro passo é descrever com o maior rigor possível as principais características do seu negócio. Para esse mapeamento, vamos usar uma adaptação do Business Model **Canvas** (ver figura F1), ferramenta idealizada por Alexander Osterwalder em sua tese de doutorado na Universidade de Lausanne, na Suíça, em 2004. O Canvas (ver figura1 preenchida) ajuda na organização visual das informações a partir de nove reflexões sobre o negócio, as quais são agrupadas em quadrantes que respondem perguntas tais como: **O quê? Para quem? Como? E quanto?** Agora, imprima a figura1 em papel A0, fixe-a em uma parede para facilitar a sua visualização. Siga a sequência das perguntas conforme a seguir, anote suas respostas em um post-it e cole-as nos quadrantes correspondentes.

1ª quadrante trata do "**o quê**" exatamente a sua empresa faz? Para que ela existe? Qual o produto?

2º quadrante trata do "**para quem**?" Para quem a sua empresa faz ou entrega o seu produto ou serviço? Quem é o seu cliente? O que ele espera de sua empresa? O que ele pensa e espera? Como se relaciona com este cliente? Quais os canais de vendas?

3º quadrante trata do **"como?"** Neste quadrante você deve descrever as principais atividades da sua empresa. Quem são os parceiros-chaves? Como a sua empresa entrega o seu produto? Quem ajuda você?

4º quadrante trata do **"quanto?"** Neste quadrante você deve descrever quais as fontes de receitas e a estrutura de custos da empresa envolvidos no processo.

Figura F1

MODELO DE NEGÓCIO				
EMPRESA:				SEGMENTO DO NEGÓCIO:
3ª Passo: Como eu faço?		1ª Passo: O quê?	2ª Passo: Para quem?	
Parceiros-chaves Como a sua empresa entrega o seu produto? Quem ajuda você?	Atividadedes-chaves Recursos-chaves	Qual o seu produto? O que você entrega? O que a sua empresa realmente faz?	Relacionamento com o cliente: Como você se relaciona com o seu cliente? Canais de vendas: Quais canais você utiliza para vender?	Segmento de cliente: Quem é o seu cliente? O que ele pensa? Quais as suas dores?
Como eu faço?				
Custos: Quais os custos envolvidos em cada etapa da operação?				Fonte de Receita: Quais são as fontes de receitas da empresa?

Fonte: Business Model Canvas: nine business model building blocks, Osterwalder, Pigneur & al. 2010

Parabéns! Você acabou de definir o seu modelo de negócio, o seu primeiro direcionador para uma boa gestão. A partir dessas informações você já pode, se desejar, descrever a missão da empresa. A missão deve traduzir a mensagem emocional do que a empresa faz, do porquê ela existe, só assim irá criar conexão com seus clientes, fornecedores e colaboradores. E, se você já havia elaborado a missão ao iniciar o seu negócio, aproveite e reavalie se continua fazendo sentido para você ou precisa de ajustes no texto.

Da mesma forma, sabendo quem é exatamente a sua empresa, que tal definir aonde quer chegar? Imagine a sua empresa daqui a três, cinco e dez anos. Qual seria a mais extraordinária versão de sua empresa no futuro? O que você realmente pretende alcançar com sua empresa? Qual o verdadeiro propósito? Como você quer que a sua empresa seja reconhecida no mercado? O que você deseja conquistar realmente? Reflita e descreva a sua verdadeira intenção. Este será o objetivo maior, sua visão, seu farol traduzirá aonde você quer chegar.

Quais os comportamentos que sustentarão esse caminho? Quais os valores e princípios de que você não abrirá mão em hipótese alguma? Lembre-se, você é a referência de comportamento na sua empresa. A partir dessa referência será edificada a cultura da empresa. Sua forma de gerenciar processos, rotinas e pessoas no dia a dia, será o alimento para a base cultural da empresa.

Conheço algumas empresas cujo valores são expostos em bonitos quadros na parede, porém sem aderência aos comportamentos vivenciados pelos colaboradores e proprietários. Então não perca mais tempo, liste os valores e princípios que realmente deseja para o seu negócio, viva-os e construa o seu legado.

2º ETAPA: Desenhando o futuro

Na primeira fase você descreveu o seu modelo de negócio, sua missão, seus valores e principalmente já sabe aonde quer chegar, correto? Pense em seu objetivo maior e faça uma análise de todos os cenários possíveis para atingi-lo, os pontos favoráveis e não favoráveis. Recomendo a ferramenta **Análise Estratégica SWOT** (figura F2) ou **Matriz SWOT**, muito conhecida no mundo empresarial, mas ainda pouco usada por pequenas e médias empresas. O termo SWOT é um acrônimo de Strengths (Forças), Weaknesses (Fraquezas), Opportunities (Oportunidades) e Threats (Ameaças). As referências quanto à origem dessa técnica não são precisas. Existem citações que indicam Albert Humphrey, pelo seu projeto de pesquisa na Universidade de Stanford nas décadas de 1960 e 1970, e outras, Kenneth Andrews e Roland Chistensen, dois professores da Harvard Business School. Porém a citação **"Concentre-se nos pontos fortes, reconheça as fraquezas, agarre as oportunidades e proteja-se contra as ameaças"**, de Sun-Tzu em "A Arte da Guerra", nos remete à certeza da existência desta ideia há milénios.

O exercício é analisar racionalmente os aspectos que podem influenciar positivamente ou negativamente os projetos e objetivos da empresa em todos os cenários possíveis. Para cada cenário analise o **ambiente interno** da empresa e registre no primeiro quadrante o que você vê de pontos fortes e de pontos fracos. Faça o mesmo exercício considerando o **ambiente externo**, registrando nos demais quadrantes as oportunidades e as ameaças de mercado, os diferenciais da marca, os concorrentes, o impacto das novas tecnologias, os aspectos culturais etc... Depois que você preencher o quadro, analise e escolha o melhor cenário.

Esse exercício exige muita disciplina e foco, porém, após esta análise você certamente estará mais seguro para definir suas metas de curto, médio e longo prazo. **"Depois de ter realizado uma análise SWOT, a empresa pode estabelecer metas específicas para o período de planejamento"**. (KOTLER & KELLER, 2006, p. 52).

Figura F2

Análise Estratégica SWOT	
Empresa:	
Ambiente interno	**S**trengths (Forças)	**W**eaknesses (Fraquezas)
Ambiente externo	**O**pportunities (Oportunidades)	**T**hreats (Ameaças)

Fonte: Adaptação da ferramenta da Análise Estratégica SWOT da Sociedade Brasileira de Coaching – Livro de metodologia PPC

E agora, vamos definir objetivos e metas? Na planilha a seguir (Figura F3), relacionei algumas áreas de atenção que julgo importantes para qualquer organização. Então, defina os objetivos para cada uma delas e para cada período de tempo. E para cada objetivo defina pelo menos uma meta. Para priorizá-las, na coluna "alavanca" atribua o número 1 para aquela área que se você dedicar sua atenção impactará positivamente em todas as outras, deixando-o mais próximo de seu propósito. Repita a pergunta e vá atribuindo a sequência numérica, depois ordene-as.

Para que uma meta seja motivadora, ela deve atender aos requisitos definidos pela metodologia SMART, criada por Peter Drucker, ou seja, a meta deve ser específica (**S**pecific), mensurável (**M**easurable), alcançável (**A**chievable), relevante (**R**elevant) e ter prazo (**T**ime). Aproveite e defina também quais os indicadores que o ajudarão no seu acompanhamento.

Figura F3

Diretrizes Organizacionais					
Área de atenção	Objetivo	Meta	Prazo (C/M/L)	Indicadores	Alavanca
Faturamento					
Clientes					
Gestão Administrativa/ Financeira					
Gestão de Pessoas					
Instalações Físicas					

Fonte: Ferramenta adaptada a partir de ferramentas de gestão divulgadas pela Endevor e Sebrae

3º ETAPA: Construindo o futuro

Você percebeu a estratégia de construção do pensamento estratégico até aqui? Cada etapa requer atenção e cuidados na execução, portanto não tenha pressa e não pule etapas. De uma forma bem simples, você mapeou o cenário atual e as principais diretrizes estratégicas, mas só isso não basta. É preciso fazer acontecer. Então, vamos juntos descrever as ações e iniciativas para cada meta. Uma ferramenta ideal para esse exercício é a **5W2H,** que nada mais é do que uma sigla americana que reúne iniciais de perguntas reflexivas: **What** - O quê? **Why** - Por quê? **Where** - Onde? **When** - Quando? **Who** - Quem? **How** - Como? **Where** - Onde? **How much** - Quanto?

Agora, usando o quadro a seguir, responda todas as perguntas para cada meta listada no quadro anterior.

Figura F4

Plano de Ação							
Área de atenção:			Meta:			Indicador:	
What?	*Why?*	*How?*	*Who?*	*When?*	*Where?*	*How much?*	
Qual a ação/ iniciativa?	Por quê? Qual a contribuição para atingir a meta?	Como esta ação será executada?	Quem fará?	Em que prazo?	Aonde? Localização.	Quanto irá custar? Qual o investimento necessário?	

Fonte: Ferramenta adaptada a partir de Ferramentas de Gestão divulgadas pela Endevor e Sebrae

4º ETAPA: Ajustando a rota de ação

É hora de gerenciar o plano de ação. Analise os indicadores e verifique se as ações estão sendo cumpridas conforme planejadas e se precisar ajuste a rota. Crie painéis "Gestão à Vista" para divulgar e acompanhar a evolução dos resultados. Lembre-se, o mercado é muito dinâmico, portanto fique alerta e revise periodicamente se as iniciativas continuam fazendo sentido, caso contrário, ajuste-as para a nova realidade. Se você possuir equipe, envolva-a, mostre o quanto a realização das atividades é importante para a empresa. Informe quais as responsabilidades de cada pessoa nesse projeto e como serão acompanhados. E, é claro, celebre a cada realização!

Conclusão

Espero ter despertado em você o desejo genuíno de fazer o seu negócio prosperar e principalmente ter sensibilizá-lo da importância do planejamento para uma gestão sustentável. Empreender é uma arte e pode ser aprendida, basta que você tome a decisão de forma consciente, planeje, entre em ação, monitore e celebre!

REFERÊNCIAS BIBLIOGRÁFICAS

BOSSIDY, L.; CHARAN, R. **Execução:** a disciplina para atingir resultados. Rio de Janeiro, Ed. Elsevier, 2010.

MATTA, V.; VICTORIA, F. Livro **de Metodologia Personal & Professoinal Coaching**. São Paulo/SP: Ed. SBCoaching Editora.

TEIXEIRA, R. **O sucesso de seu negócio é você**. São Paulo: Ed. LeYa, 2017.

CAMPOS, V. F. **Gerenciamento da Rotina do Trabalho do dia a dia.** São Paulo: INDG Tecnologia e Serviços LTDA., 2004.

CAMPOS, V. F. **Gerenciamento pelas Diretrizes**. São Paulo: INDG Tecnologia e Serviços LTDA, 2004.

CAMPOS, V. F. **O verdadeiro poder**. São Paulo: INDG Tecnologia e Serviços Ltda., 2009.

Osterwalder, A.; Pigneur, Y. **Business Model Generation**: Inovação em Modelos de

Negócios. Ed. Alta Book, 2010.

PARA REFLETIR...

Independentemente de qual tenha sido a sua motivação, se por necessidade ou por oportunidade, o que importa é se você tomou a decisão de empreender de forma consciente.

A sua decisão de empreender foi consciente ou você foi envolvido pelo canto da sereia?

Qual seria a mais extraordinária versão de sua empresa no futuro?

Quais os comportamentos que sustentarão esse caminho?

Planejar é um processo dinâmico e sistemático de pensar antes de agir.

Empreender é uma arte e pode ser aprendida, basta que você tome a decisão de forma consciente, planeje, entre em ação, monitore e celebre!

Anotações

Mindset
do Empreendedor

9

Felipe Coelho

Administração do tempo para empreendedores

Felipe Coelho

Administrador, formado pela UFRJ. MBA em Gerenciamento de Projetos pela FGV. Possui certificações em Estratégia Empresarial, Empreendedorismo, Governança Corporativa e Familiar. Já lecionou cursos de Finanças Pessoais, administração do tempo e empreendedorismo.

felipe@dafel.com.br

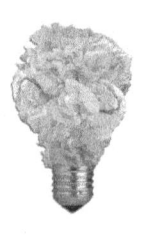

Mindset
do Empreendedor

Atualmente, a percepção de utilização do tempo é muito dinâmica. A intensidade da tecnologia e a velocidade das transformações colocou o ser humano numa condição jamais conhecida.

Décadas atrás um *pit-stop* de Fórmula 1 chegava a dois minutos. Hoje temos um caso emblemático em que a escuderia levou menos de dois segundos. O mundo tornou-se frenético.

O volume de dados a que estamos expostos e a gama de comunicações com sua exuberância de opções de canais elevou o nível de exigência das pessoas a níveis inéditos.

Nesse contexto, o empreendedor precisa de uma configuração mental que o conduza sempre à produtividade.

Ninguém, por mais abastado que seja, pode aumentar um segundo em seu dia, semana ou mês. Não podemos nos queixar de "ter menos tempo" que os outros. Esse recurso talvez seja o mais democrático que existe. O que temos são boas ou más práticas de uso desse recurso.

Uma gestão eficaz de tarefas e compromissos dentro dos períodos de tempo que nos são concedidos pela vida é o que metaforicamente chamamos de "administração do tempo". Isso representa um diferencial competitivo do empreendedor e esta vantagem materializa-se num equilíbrio entre atividades operacionais e estratégicas, vida pessoal e profissional. Sendo assim, o correto balanceamento produz um catalisador de resultados, pois o indivíduo estará em níveis mais elevados de saúde, bem-estar, motivação, energia e produtividade.

Comportamentos inerentes ao *mindset* do empreendedor

É fundamental reconhecer a importância de gerir seu tempo para atingir seus objetivos ajustando a programação mental para tomar decisões e praticar comportamentos condizentes com este conceito.

Foco

É fácil se perder em vários objetivos, claros ou não. O desejo de "abraçar o mundo" pode ser visto como epidemia que mina as energias e reduz resultados. Uma faca corta porque concentra força numa pequena superfície. Concentre energia e ataque um objetivo de cada vez.

Não é errado ter várias metas, alvos e sonhos, mas foque em um ou no máximo poucos itens de cada vez. Assim, verá que seus resultados irão melhorar e não colocará tantas ações em sua agenda.

Jamais crie demandas antes de concluir as que já iniciou. Iniciar tarefas com muitas coisas por terminar faz com que recursos sejam dissipados e cresça uma frustração dentro de nós. Nossa mente não abandona por completo o que ainda está "em aberto".

Procrastinação

Procrastinação é o ato de retardar algo necessário. Em outras palavras: enrolar, "empurrar com a barriga". Já se pegou fazendo isso ou se incomodou com essa atitude em alguém?

Nossa mente possui uma "configuração nativa" ajustada para tomar decisões que supostamente nos conduzam ao bem-estar. Isso gera uma tendência de protelar tarefas ou decisões que de alguma maneira nos incomodem. O incômodo pode ser por medo do novo, receio em fazer algo que desagrade alguém, indisposição para algo entediante etc.

No entanto, corremos o risco de protelar algo crítico para o nosso sucesso. A demora pode fazer com que percamos clientes, colaboradores, prazos de entregas ou simplesmente demorar mais do que o necessário para realizar algo vital para o crescimento pessoal ou do negócio.

Não acredito que algum empreendedor em sã consciência queira ficar atrás da concorrência ou ainda delongar seu crescimento. Sendo assim, aprenda a identificar quais tarefas ou decisões essenciais está procrastinando e decida firmemente realizar o necessário. Uma dica é marcar consigo uma data ou horário para executar essa tarefa ou tomar a decisão. Só cuide para não se sabotar e criar uma desculpa para voltar à espiral de protelação.

Saber dizer não

Um dos grandes motivos da sobrecarga das pessoas é a grande quantidade de compromissos que adquirem impensadamente. Fora aquelas falsas promessas do tipo: "Irei te visitar", que por vezes desconsideramos, mas arranham nossa credibilidade.

É comum as pessoas serem otimistas ao assumir compromissos diante de uma crença de que "tudo dará certo", mas desconsideram todos os acordos já feitos. Se você nunca analisou isso, experimente parar um tempo para anotar tudo o que tem "prometido" e você vai se assustar.

Em grande parte das solicitações que recebemos, a outra parte está sondando e está preparada para ouvir um "não".

Temos receio da rejeição, de não agradarmos ou ainda sermos considerados intransigentes. Isso jamais acontecerá se você filtrar as requisições que recebe. Basta passar por três etapas:

- É legítimo? A pessoa está em condição de pedir algo e está de boa-fé?
- É necessário?
- É possível? Vai dar conta com tranquilidade e sem infringir nenhum procedimento relevante?

Certa vez, ouvi uma história que exemplifica bem essa questão. A pessoa recebera um telefonema de um colega convidando-a para um projeto acadêmico e, constrangida, aceitou. Ao desligar, se deu conta do dispêndio de tempo que aquela atividade traria. Imediatamente, ligou para sua melhor amiga e a convidou para participar também. A outra parte agradeceu o convite mas declinou por estar suficientemente comprometida e sem agenda para dar um auxílio de qualidade. Ao desligar, exclamou para seu marido: "Gostaria de ter agido assim!" Alguém pode argumentar que possui demandas de clientes, chefes ou superiores. Seja honesto quando for difícil atender. A outra parte, na maioria das vezes, entenderá. Se você recebe pedidos descabidos, está na hora de avaliar se vale a pena ter um chefe ou clientes deste tipo.

A mensagem central é: "Aprenda a dizer não". Sua saúde, bem-estar e agenda certamente agradecerão.

Priorizar planejamento e prevenção

É muito comum vermos pessoas sem planejamento. Nos empreendedores não é muito diferente. Isso é ainda mais evidente pelo fato de que pessoas com perfil empreendedor via de regra são muito práticas e orientadas para a execução.

No entanto, um bom planejamento reduz riscos e amplia suas chances de sucesso. Nenhum avião decola sem ter definida sua rota, o combustível necessário, as escalas, a altitude, que peso pode transportar etc. Da mesma maneira, traçar uma "rota" ajuda o empreendedor a mitigar chances de "queda" e a otimizar a eficácia do "voo".

Já está comprovado que cada hora de trabalho executado com planejamento evita até dez horas de retrabalho e em muitos casos 50 horas dedicadas à correção de erros. É imprescindível ter um planejamento significativo para cada período e adequado a nossa realidade (ano, trimestre, mês, semana).

Por fim, a prevenção é a melhor maneira de poupar tempo. Imagine um construtor que considerou que não tinha tempo de pensar na prevenção de incêndio de seu edifício. No caso de um incêndio, por mais leve que seja, quanto tempo despenderá para restaurar os prejuízos? Se pensar na área da saúde, também verá casos em que a falta de prevenção custou caríssimo.

Pratique a prevenção frequentemente. Agende horários consigo para desenvolver seu planejamento, pensar o que pode prevenir, eliminar riscos e aumentar seu sucesso.

Avaliação cíclica

Ainda na analogia do avião, sabemos que toda aeronave, mesmo tendo um plano de voo criterioso, passa a maior parte do tempo fazendo correções de rota. É fácil sair do traçado, ainda que milimetricamente. Sendo assim, um bom piloto periodicamente verifica onde está e compara com o plano.

O empreendedor que deseja se destacar precisa reavaliar seu planejamento de maneira cíclica. Recomendamos que invista em autoconhecimento para determinar qual a melhor periodicidade para o seu perfil pessoal e sua realidade. Estabeleça momentos de avaliação para otimizar seu trajeto.

Disciplina

O sucesso depende de trabalho árduo, salvo raras exceções. Dessa forma, é imprescindível que o empreendedor ambicioso desenvolva algumas disciplinas.

Primeiramente, estabelecer uma rotina eficiente. Isso otimiza nossa programação mental e libera energias para a criatividade. A segunda é dedicar seu tempo, marcado na agenda, para o já citado planejamento, prevenção e também reavaliação.

Por fim, se discipline a praticar renovação. Lembre-se de que todo bom músico dedica um tempo para afinar seu instrumento; todo bom lenhador, tempo para afiar seu machado.

Nos desafios e batalhas cotidianos, sem perceber nos desregulamos como uma máquina em seu uso ou como um automóvel circulando. É necessário parar para renovar, ajustar-se e tomar consciência dos pontos a serem melhorados. A cada parada "nos boxes" você verá que voltará mais forte e mais preparado para os desafios.

Manter a mente limpa

Poucas pessoas têm noção de como nossa mente funciona e pessoas que entendem o princípio de "esvaziar a mente" conseguem resultados expressivos. Sejam eles empresários, atletas, artistas ou até monges.

Você provavelmente já acordou de madrugada lembrando-se daquele orçamento não enviado ou já teve dificuldade em se concentrar num relatório complexo, porque não deixava de pensar nas contas a pagar do dia seguinte?

Esses são sintomas de uma mente sobrecarregada, que mina a sua eficácia, amortece a sua criatividade e rouba sua energia. Para equacionar essa questão você precisa atentar para alguns métodos.

O primeiro é ter um registro eficiente de tarefas, compromissos e ações a realizar. Seja sincero, realista e não se comprometa com mais do que possível. Tenha um compromisso real em executar suas metas pessoais. Assim sua mente deixará de manter os "avisos" do que precisa fazer saltando do inconsciente para o consciente.

O segundo, "descarregar" informações antes de dormir. Anote tudo o que vier a sua mente como pendência ou que lhe incomode. Se você for honesto em decidir voltar à lista no dia seguinte para acomodar tudo, sua programação mental vai "retirar" estes assuntos das áreas nobres da sua memória enquanto estiver dormindo! Acredite, funciona e você verá que sobrará mais "espaço" para guardar informações e ter uma mente mais "fresca" e energizada para o dia a dia.

Em terceiro lugar, anote o que estiver fervilhando em sua mente ao acordar, pois seu cérebro já classificou as demandas mais importantes colocando-as na superfície do consciente.

Por fim, sempre que sentir sua mente "congelada" por excesso de informações, procure um tempo (mesmo que curto) para relaxar e em seguida tente fazer o exercício de descarga. Você verá que sua mente parece um computador que esporadicamente precisa limpar o disco rígido e a memória, reindexar dados e refazer vínculos de informações. Com essa prática, você terá mais tempo e ainda irá adquirir um funcionamento mental melhor.

Delegar

Um assunto que poucas pessoas dominam de verdade é a delegação e precisamos defender a necessidade de delegar.

Cremos que os maiores inimigos da delegação são crenças muito sedimentadas no pensamento coletivo de forma incorreta. Uma das frases que talvez seja a mais conhecida no meio popular e colabora com estas crenças errôneas é: "Se quer algo bem feito faça você mesmo".

Essa frase, além de errada, é extremamente arrogante! O empreendedor só cresce quando delega e ousadamente afirmamos que o sucesso de um empreendedor é diretamente relacionado a sua capacidade de delegar.

Imagine que você execute toda semana uma tarefa que lhe consome quatro horas. Se conseguir delegar a alguém com assertividade e gastar meia hora para conferir ou supervisionar a tarefa, você acabou de multiplicar o seu tempo por oito! Saiba que a boa gestão do tempo é catalisada pela boa delegação, fator de sucesso do empreendedor ambicioso.

Investir em eficácia

Existe diferença entre eficiência e eficácia. Apesar de ambas serem importantes e parecidas, têm uma essência diferente. Eficiência é fazer algo bem e eficácia é fazer a coisa certa.

Fazer algo bem feito é maravilhoso. Mas fazer com maestria algo que não agrega valor ao seu negócio é pura perda de tempo. O bom empreendedor investe sua energia em discernir as coisas certas a fazer e tornar o seu tempo mais rentável. Está focado em coisas nobres e que geram resultados.

Se tentarmos unir eficácia e eficiência, teremos plena efetividade, ou seja, excelentes resultados para a missão designada.

Utilizar boas ferramentas

A última questão que gostaríamos de abordar é a utilização de ferramentas, pois ajudam na gestão do tempo e na busca da eficácia. Todavia, enfatizamos que apesar da suma importância delas só apresentam resultados mediante uma boa conduta. Caso contrário, seria como usar o melhor martelo do mundo para destruir um bem seu.

Crendo que você aplicará boas práticas, separe um tempo para escolher as ferramentas que melhor se adaptam ao seu perfil. Saiba que tecnologia e sofisticação não são sinônimos de efetividade.

Existem inúmeras ferramentas e metodologias e não detalharemos esta questão, pois é infinita. Pesquise o que é melhor para você. Na *internet* existe muito material gratuito, com conteúdo de instrução e também as ferramentas em si. Não é necessário muito conhecimento de informática para procurar. Se preferir utilize meios tradicionais como agenda, cadernetas etc., mas vá em frente!

Mediante todo o exposto, desejamos que seu *mindset* seja ajustado para ser um grande gestor de tempo. Mãos à obra e muito sucesso!

Exercícios

1- Você conhece o seu equilíbrio pessoal? O que o faz uma pessoa realizada, vitoriosa e feliz?

Caso não tenha isso de forma clara invista em uma jornada de autoconhecimento, você só tem a ganhar. Se necessário peça ajuda. Primeiro, para as pessoas mais próximas de você. Se quiser ou precisar se aprofundar procure ajuda profissional.

Responda às perguntas a seguir de forma sincera, é importante anotar e guardar:

O que é importante para mim?

Quais os meus tesouros?

O que me dá prazer?

O que me dá segurança?

O que me faz crescer e me desenvolver?

Quanto devo alocar de energia em cada área?

2- Baseado nas respostas do item 1, em que clarificou seu equilíbrio pessoal, escreva seus objetivos de vida de curto, médio e longo prazo.

3- Após ter seus objetivos listados, coloque prazos. Identifique que recursos precisa para atingi-los. Os recursos principais dividem-se nas categorias de tempo e disponibilidade, dinheiro e recursos materiais e pessoas e relacionamentos.

4- Para melhorar seu *mindset*, identifique as questões que o fazem ser mais eficiente e eficaz:

Descubra como você aprende melhor.

Descubra o que ativa sua memória.

Descubra em que hora do dia você produz mais.

Descubra o que aflora a sua criatividade.

5- Estruture uma rotina adaptada a sua realidade para cobrar a verificação do andamento dos seus objetivos. Deve ser um "encontro com você mesmo" marcado em sua agenda para rever o que escreveu nos exercícios acima. Isso é imprescindível! Sem periodicidade, disciplina e regularidade seu trabalho não será pleno. Defina algo para te lembrar automaticamente ou alguém para te cobrar.

6- Antes de dormir, faça um exercício de "esvaziar seu *buffer* mental". Separe de três a cinco minutos e liste tudo que vier a sua mente como pendência ou tarefas em aberto. Não ceda à tentação de realizar algo ou dedicar tempo em alguma questão. No dia seguinte, pense se seu sono foi mais revigorante e decida como alocar a lista de pendências em sua agenda diária, semanal, mensal ou anual.

PARA REFLETIR...

O uso que tenho feito do meu tempo me deixa realizado?

Tenho conseguido atingir os objetivos que propus para minha vida?

Sou uma pessoa em paz com o relógio, com a agenda e com os compromissos assumidos?

Tenho conseguido equilibrar meus negócios com a vida pessoal?

Quando penso em meus afazeres, reponsabilidades e tarefas sinto paz ou angústia?

Mindset
do Empreendedor

10

Gustavo Vale

Engajamento:
o exercício da liderança

Gustavo Vale

É graduado em Computação e pós-graduado em Gestão de Pessoas e Negócios pela Fundação Dom Cabral e certificado pelo programa da ONU Empretec.

É *executive* e *leader coach* com formação internacional, e diretor do Instituto Empoderar.

Considerado um profissional com capacidade de comunicação direta e didática, facilitador de programas de capacitação e desenvolvimento humano com práticas voltadas para alinhar o tripé excelência profissional, propósito de vida e resultados sustentáveis.

Trainer de Alto Impacto e palestrante profissional focado nas áreas de Liderança, Produtividade, Persuasão e Vendas. Coordenador dos Eventos Corporativos de Palestras: Reverbera e Power Networking. Idealizador dos programas de capacitação *online* "Persiga o Sonho", "Vida Legítima", "Amigas Vamos Combinar"e "Universidade do Gestor". Idealizador e *trainer* do programa de Imersão Pessoal e Profissional Despertar do Guerreiro!

(31) 99525-2622
www.gustavovale.com.br
www.facebook.com/gustavo.vale.palestrante

Mindset
do Empreendedor

Mudando a perspectiva de trabalho

Mudança de Era

Estamos na **Era da Informação** ou a chamada **era digital**. Diante de tamanhos avanços nos meios de comunicação e instrumentalização das relações através da informática e pela *internet*, numa era pós-Maslow, temos um ciclo de renovações de ideias, ações, pensamentos e formas de se relacionar que marca um novo tempo com uma particularidade: a ampliação da capacidade de armazenamento e memorização de informações, dados e formas de conhecimentos. Não há mais limites, pois, via *internet*, pessoas do mundo inteiro estão interconectadas, curtindo novos hábitos, compartilhando propósitos e propagando formas de cultura e saberes.

Em uma era onde o nível de integração global possibilitado pelas ferramentas digitais de que dispomos hoje se faz *just in time*, a velocidade dos fluxos sociais, econômico-financeiros, relacionais, culturais e linguísticos amplia-se em um ritmo exponencial, gerando uma sucessão de novas revoluções a cada instante. As redes sociais se tornaram um grande repositório de protestos e revoltas, que podem ser arquitetados através de grupos de discussão e viralizarem mundo afora em questão de minutos ou, quem sabe, segundos.

Temos, portanto, uma era da informação caracterizada também como a era da interação, onde as pessoas deixam de ser receptoras e repetidoras de dados e informações e passam a contribuir e produzir novas ideias e ações. Dessa forma, o espaço territorial se faz cada vez mais integrado às inovações tecnológicas e informacionais, tornando-se delas dependente. Tomando essa interdependência como um novo padrão não basta mais entender "o que" se deve fazer e executar no seu dia a dia no ambiente de trabalho, as empresas e os negócios necessitam informar aos colaboradores e deixar claro o "porquê" de se fazer determinada tarefa ou meta a ser atingida.

No que diz respeito às pessoas, estamos deixando uma gestão comum para uma gestão cada vez mais inteligente e focada no conhecimento e no sentimento de causa. Ou seja, os gestores e líderes dessa nova era deverão ser capazes de entender cada necessidade dentro da organização, gerenciar anseios individuais e alinhar a identidade e propósito pessoais com a missão e os valores organizacionais propostos pela empresa. Além disso, é necessário alinhar competências para a função a ser exercida, ajustar interesses pessoais de crescimento profissional com o que a empresa possui de visão estratégica, para que as competências sejam estimuladas por desafios compatíveis com cada função na organização para que tenhamos colaboradores engajados.

Engajamento como ferramenta estratégica

Consultando o dicionário Aurélio, o verbo "engajar" advém da palavra francesa "*engager*" e possui como significados: dedicar; fazer alguma coisa com dedicação e afinco; empenhar-se em dada atividade ou empreendimento.

Engajar é sem dúvida um dos grandes desafios das organizações no que diz respeito à gestão de pessoas e à aquisição de resultados positivos. Temos cenários em constante transformação, mais desafiadores e com obstáculos nunca vistos. Rotinas mais exaustivas, novas demandas para serem supridas a uma velocidade jamais vista. Todo esse contexto de complexidade global faz parte do dia a dia das organizações e das pessoas. Dentre as várias definições sobre engajamento, defino a minha como sendo o alinhamento das necessidades individuais e geração de resultados sustentáveis e lucrativos para a organização, onde valores pessoais se confundem com a causa do negócio. Quando há essa interação temos a todo vapor itens como alto índice de energia, comprometimento, resiliência, entusiasmo, busca por desafios aliados com grau de autonomia, oportunidade de crescimento e reconhecimento por meio de *feedback* de alavanca. O conjunto desses elementos leva à realização profissional.

Ao buscarmos as pautas das lideranças percebe-se que a cobrança é cada vez maior. Os profissionais são exigidos a apoiar e a implementar as mudanças e ao lado dos colaboradores mais experientes há uma nova galera, mais jovem, totalmente conectada e motivada com o novo. Emaranhadas no desenvolvimento das atividades e na busca do cumprimento das metas, essas gerações dividem responsabilidades, angústias e desafios.

E como ficam as organizações? Podemos afirmar que estão preparadas para essa sede por inovação e necessidade de mudanças constantes dessa nova geração? As empresas estão presentes no dinamismo que a diversidade de gêneros, perfis, nacionalidades e gerações trazem para o negócio?

Temas como produtividade, motivação e engajamento sempre estão na pauta das organizações. Entretanto, há de se verificar que cada vez mais os novos entrantes no mercado de trabalho e os profissionais talentosos possuem mais opções de carreira, seja em termos de formação ou de trabalhar ou não para uma empresa. O que eles desejam é espaço para inovar e implementar novas ideias. Se esse desejo não está na pauta das organizações, muitos decidem pelo empreendedorismo alinhado a algo que atenda o propósito de vida.

Nesse momento surge o tema engajamento sob um aspecto mais amplo. A questão aqui não é apenas reter os talentos e profissionais de alto potencial e desempenho de forma estratégica. Faz-se necessário entender o contexto atual e os anseios dos colaboradores, além de gerar uma conexão com aspectos mais intangíveis da organização. Itens como cultura organizacional, qualidade de vida, ambiente de trabalho, reconhecimento do papel que desempenha, alinhamento com os valores e possibilidades de crescimento na carreira. Esses são alguns dos itens da lista de desafios de todos os setores da organização, não só da área de RH, e devem ser tratados como prioridade estratégica.

Entretanto, desenvolver e manter o alto nível de engajamento independentemente de fatores externos como crise econômica predispõe um fator crítico para o sucesso dos negócios. Isso sim é uma vantagem competitiva. Atributos como visão estratégica, capacidade de inovação e comprometimento, motivação e engajamento precisam ser trabalhados através de um discurso alinhado às atitudes.

É comum se atribuir o processo de engajamento apenas como responsabilidade da empresa e da sua liderança. Vale ressaltar que algumas características de personalidade como automotivação, positivismo, autoestima elevada, sentido de pertencimento e espírito de cooperação, estar disposto a novos desafios também fazem diferença para se ter um time com alto grau de engajamento.

Um estudo publicado por The Global Workforce mostrou que companhias com funcionários engajados possuem uma margem operacional quase três vezes superior àquelas em que o engajamento não aparece. Esse ponto sozinho já faz do engajamento uma questão estratégica digna da atenção dos executivos.

Motivação e engajamento para gerar resultados

Motivação x engajamento

Quase toda empresa ou pessoa necessita motivar outras a agirem por uma ou outra razão. Algumas querem motivar por uma decisão de compra, já outras procuram persuadir para conseguir apoio a um projeto. Existem profissionais que anseiam motivar as pessoas no ambiente de trabalho para trabalhar com mais afinco e de forma mais rápida e inteligente, ou apenas para que cumpram o que foi acordado. A capacidade de motivar as pessoas não é difícil. Os grandes líderes, porém, são capazes de gerar inspiração para agir. Aqueles líderes que têm a capacidade de inspirar o fazem dando um sentido de finalidade ou de ganho que pouco tem a ver com algum benefício externo. Despertam nas pessoas a capacidade de fazer por elas mesmas. Elas executam não porque foram seduzidas pelos benefícios, mas porque acreditam na causa. Acreditam naquilo que o líder acredita e agem por profunda vontade pessoal de contribuir.

Alguns gestores confundem os conceitos de motivação com engajamento e muitas empresas recorrem para capacitações que envolvem mágicos, dinâmicas na natureza e outros artifícios para motivar os seus colaboradores. No entanto, essa motivação tem efeito imediato, mas não duradouro. A questão é que a motivação é intrínseca e fatores externos quase sempre não são definidores para que promova uma mudança para a ação.

Ao contrário de motivação, o engajamento é constituído por um compromisso funcional e emocional direcionado. Ele estimula o potencial humano no exercício da função da atividade e gera um sentimento de pertencimento com a aplicação dos seus talentos. Os colaboradores engajados são aqueles com que você pode contar, dispensam muita cobrança e normalmente fazem mais do que se espera deles. Para um maior engajamento a organização pode até investir em dinâmicas, palestras e ações motivacionais, entretanto, se não houver congruência entre o prometido e o entregue, entre o que se fala e o que se pratica, não haverá relacionamento que perdure.

Perfis de engajamento

De acordo com pesquisa realizada pela Gallup, organizações com altos níveis de engajamento reportam ser em média 22% mais produtivas, e recebem de 25 a 65% menos reclamações de clientes.

O estudo de engajamento de funcionários da Gallup em 142 países, apresentado no relatório *State of the Global Workplace,* contém notícias relativamente boas para o Brasil. Entre brasileiros que trabalham para um empregador, 27% são engajados, ou altamente produtivos e comprometidos em prover valor para suas empresas. Enquanto que somente 12% são ativamente desengajados e susceptíveis a espalhar negatividade a respeito de sua organização entre colegas de trabalho. Entretanto, há pleno espaço para melhorias; a maior parte dos trabalhadores brasileiros está "não engajada", com falta de motivação e simplesmente "levando a vida" durante a jornada de trabalho. No entanto, a razão entre trabalhadores engajados e ativamente desengajados do Brasil – 2,25 para 1 - é uma das mais favoráveis entre os 20 países da América Latina estudados.

Engajamento dos funcionários do Brasil: uma vantagem regional

Os funcionários brasileiros têm mais chances de estarem engajados que os demais funcionários latino-americanos. Entretanto, há espaço para melhoria, visto que a maioria dos trabalhadores brasileiros está "não engajada", ou seja, dedicam tempo, mas não energia, em seu trabalho.

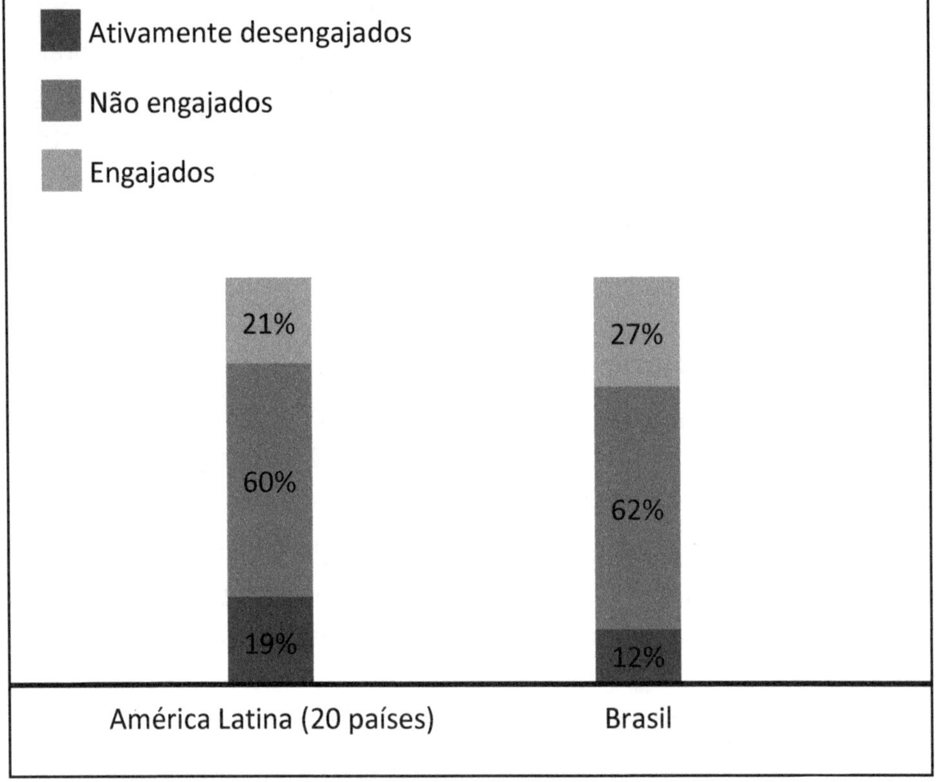

- Ativamente desengajados
- Não engajados
- Engajados

	América Latina (20 países)	Brasil
Engajados	21%	27%
Não engajados	60%	62%
Ativamente desengajados	19%	12%

Infelizmente, sabemos que existem três perfis de pessoas na sociedade. Seja numa roda de conversa, na nossa família e também nas organizações temos os três perfis.

Engajados: este perfil de colaboradores é leal, comprometido e "veste a camisa da empresa". Têm espírito dono. São mais produtivos e mais propensos a ficar com a empresa por ao menos mais de um ano. O senso de pertencimento e paixão no trabalho é grande e sentem uma conexão de cocriação. Estes colaboradores são os que se doam e geram mais valor para a empresa.

Não engajados: esses colaboradores cumprem o papel que lhes é determinado, mas ficam restritos a isso. Executam bem as tarefas, mas não se esforçam para gerar mais valor. Não estão psicologicamente conectados à empresa. Sabe aquela mudança que vai ser feita no setor, eles são quase sempre negativos em relação ao futuro. Estão mais propensos a faltas de trabalho e a se desligar da empresa. Colocam energia, mas não desempenham nem veem a empresa com paixão e buscando o algo a mais. Mesmo assim, boa parte desses profissionais é produtiva e pode assumir novo comportamento, com uma reversão positiva deste quadro.

Ativamente desengajados: o corpo está lá, mas não há ninguém lá dentro. Não se sentem parte da organização, promovem a insatisfação e o desprezo pela organização. Esses colaboradores estão fisicamente presentes, mas psicologicamente ausentes. São insatisfeitos no ambiente de trabalho e acabam minando o que os mais engajados fazem. Estes profissionais devem ser convidados a se retirarem, pois têm como maior objetivo desagregar.

Sabemos que um maior engajamento está relacionado à motivação. Um grande erro é acreditar que estímulos externos melhoram o engajamento. Itens como ganhos financeiros, folgas, benefícios externos não geram mais engajamento, mas a falta deles pode gerar desengajamento. O aumento do engajamento se dá quando alinhamos funções e competências e geramos senso de propósito e significado no ambiente de trabalho.

Gerando engajamento na organização

Apesar de a maioria dos líderes terem a consciência da importância de seu papel na organização, poucos investem tempo e energia para criar um relacionamento com os subordinados. Quando as relações de trabalho são mais próximas há um maior engajamento, pois a interação líder e liderado cria conexão e, por consequência, um maior alinhamento de habilidades e propósito. Em uma era de automação de atividades de trabalho rotineiras, imutáveis e repetitivas, o mercado de trabalho exige profissionais com dinamismo, criatividade, e visão sistêmica. Para isso é preciso que os profissionais da empresa realizem tarefas com propósito e significado pessoal, identificando assim um vínculo emocional com o trabalho.

Gamificação para engajar

Com um amadurecimento profissional e práticas de meritocracia as empresas conseguem criar engajamento nas equipes. Itens como conhecimento sobre o negócio e treinamentos sobre os processos e métodos da empresa também criam engajamento na equipe de trabalho. Esses são alguns itens necessários para se criar um funil de gamificação.

Atualmente uma das formas que muitas companhias encontram para gerar engajamento da equipe é fazendo uso da gamificação nos processos da empresa. A gamificação cria uma metáfora entre os objetivos da organização e o esforço necessário para realizar o trabalho, fazendo que todos os funcionários consigam entender e identificar suas metas pessoais e comuns, descobrir quais são suas perspectivas de crescimento e receber reconhecimento por suas realizações, indo além de benefícios monetários.

A gamificação passa por várias etapas conhecidas como "funil de gamificação". Essa metodologia, que vai do aprendizado à formação de lideranças, permite engajar funcionários aos padrões e cultura da empresa, ao se identificarem com a organização e realizarem seu trabalho com excelência.

Quanto mais o funcionário avançar pelo funil, maior será a sua qualificação e satisfação com o trabalho.

Conclusão

Gerenciar o engajamento é trabalhoso, porém as empresas que possuem a competência de colocar em prática como estratégia corporativa apresentam um ambiente altamente produtivo, com líderes que inspiram e geram sentimento de pertencimento e colaboração com seus funcionários. Os resultados são lucros maiores e times mais coesos e preparados para enfrentar desafios e gerar mais soluções inovadoras. É importante ressaltar que organizações focadas em gerar colaboradores mais participativos e engajados atrai mais talentos. E o mais importante: os desenvolvem e, comprometidos com o seu sucesso, eles ficam por muito mais tempo.

O Brasil continuará a lidar com desafios econômicos nos próximos anos. Para superá-los, será importante para todos os negócios operando no Brasil - de multinacionais a *startups* - se concentrarem em práticas de gestão que estimulem funcionários a se tornarem engajados em seu trabalho e confiantes em seu futuro econômico.

PARA REFLETIR...

O que precisa acontecer para que seu dia tenha valido a pena no trabalho?

O que o trabalho que você desempenha precisa te proporcionar?

Quais competências você precisa desenvolver para colocar em prática seu trabalho com excelência?

Quais habilidades você não está colocando em prática e que gostaria que seu trabalho contemplasse?

Anotações

Anotações

Anotações

Prezado leitor,

Você é a razão de esta obra existir, nada mais importante que sua opinião.

Conto com sua contribuição para melhorar ainda mais nossos livros.

Ao final da leitura acesse uma de nossas mídias sociais e deixe suas sugestões, críticas ou elogios.

WhatsApp: (11) 95967-9456
Facebook: Editora Leader
Instagram: editoraleader
Twitter: @EditoraLeader

Editora Leader